JN056054

第三世代 リングの記憶

天山広吉×小島聡×永田裕志×中西学

リングの記憶 第三世代

天山広吉×小島聡×永田裕志×中西学

はじめに

プロレス界における〝第三世代〟、それは新日本プロレスで1990年代初頭にデビューしたプロレスラーの総称である。彼らのデビュー時に団体のトップだった藤波辰爾、長州力を第一世代、続く武藤敬司・蝶野正洋・橋本真也の闘魂三銃士は第二世代に当たる。

一般的に第三世代とは90年デビューの小原道由、金本浩二、91年の天山広吉、西村修、小島聡。そして92年の大谷晋二郎、高岩竜一、永田裕志、ケンドー・カシン（当時・石澤常光）、中西学を指す。その中でもとくに、長らく新日本マットのヘビー級戦線で戦い続けてきた天山、小島、永田、中西の4人を表す言葉として、現在は定着している。

90年代の新日本は両国国技館7連戦や全国のドームツアーなど、ビッグイベントを次々と成功させ、隆盛を誇っていた。若き日の第三世代は、人気と実力で不動の地位を築いた闘魂三銃士の背中を必死に追いかけた。

しかし、風向きが変わったのが99年1月4日の東京ドーム。あの日、バルセロナ五輪の柔道銀メダリストであり、アントニオ猪木の手により〝格闘サイボーグ〟に変貌を遂げた小川直也が、新日本の強さの象徴である橋本真也を暴走ファイトで無慈悲に〝破壊〟した。

その後、新日本は猪木主導の格闘技路線を突き進み、団体の方向性に反発した主力選手の退団が続く。第三世代きっての人気レスラーだった小島も、武藤に追随し全日本プロレスに移籍。新日本は混迷の時代を迎え、一時期は倒産寸前まで追い込まれた。

その中で矢面に立ち、最前線で奮闘を見せたのが第三世代の天山、永田、中西だった。00年代に入り、棚橋弘至や中邑真輔といった次世代のエース候補が台頭すると、今度は追われる側として真っ向から激闘を繰り広げた。

時は流れて2012年。ブシロード体制となった新日本は棚橋や中邑に続く、オカダ・カズチカや内藤哲也など新たなスターたちを輩出し、劇的なV字回復を遂げた。その中で第三世代は、11年に〝故郷〟に再入団した小島を含め、20年のキャリアから織り成すファイトで団体に厚みをもたらしてきた。

そして、2020年1月7日。第三世代の一角である中西が、2月22日の後楽園ホール大会での引退を発表。その引退ロードでは、第三世代の戦いに熱い声援が注がれた。全盛期を過ぎようとも彼らが積み上げ、ファンと共有してきた歴史は何事にも代え難い財産だった。

「現役は終わりなんですけど、一度プロレスラーをしたからには、死ぬまでプロレスラーやと思ってます」

中西が引退セレモニーの中でそう語ると、場内を感動と大きな拍手が包んだ。その光景をリングサイドから見つめる第三世代の同志たちは、目を潤ませていた。

彼らの戦いに終わりはない。

本書は天山、小島、永田、そして中西の4人が、プロデビュー前後から現在までを振り返ったインタビュー集である。彼らの言葉から浮かび上がる激動の新日本マットの真実、そして第三世代の真髄を感じ取ってほしい。

天山広吉

CONTENTS

CONTENTS

小島聡

失恋から〝脱サラ〟レスラー
キャラ先行型の若手時代
ブル・パワーズの軋轢
運命のテンコジタッグ結成
衝撃の新日本プロレス退団
全日本プロレスの小島聡
史上唯一のダブルチャンピオン
武藤敬司からの卒業
〝故郷〟新日本に再入団
個性的な後輩たち
〝盟友〟天山への感謝

プロレスとツイッター
レスラーである喜び

HISTORY OF SATOSHI KOJIMA

永田裕志 —— CONTENTS

中西 学

新日本の嘱託社員
大物ルーキーデビュー
苦労のクロサワ
第三世代初の『G1』制覇
長州の用心棒
総合ルール&K-1出陣
迷走の野人
悲願のIWGPヘビー初戴冠
懸命のリハビリ
涙の復帰戦
『中西ランド』開園
引退決断
死ぬまでプロレスラー

HISTORY OF MANABU NAKANISHI

取材・構成：鈴木佑
カバー写真：丸山剛史
装幀・本文組版：水木良太
編集：柴田洋史（竹書房）

〝猛牛〟

天山広吉

HIROYOSHI TENZAN

天山広吉

HIROYOSHI TENZAN

1971年3月23日、京都府京都市出身。新日本プロレス学校を経て、90年3月に新日本プロレス入門。91年1月11日、今治市公会堂での松田納（現エル・サムライ）戦でデビュー。93年3月に『ヤングライオン杯』優勝を果たす。これまで『G1 CLIMAX』を三度制覇、IWGPヘビーに4度君臨。小島聡とのテンコジタッグでIWGPタッグには6度戴冠。得意技はアナコンダマックス、モンゴリアンチョップ。183cn、115kg。

95年1月に凱旋帰国を果たすと、第三世代の中で最も早くトップ戦線に躍り出た天山。その頑丈な身体で90年代を猪突猛進に走り抜け、00年代中盤には外敵から団体を守る砦として活躍。00年代後半はケガに泣かされるも、小島聡とのテンコジタッグを復活させ、多くの声援を集めてきた。新日本の生え抜き最古参となった猛牛、その軌跡を本人が辿る。

新弟子時代のヤマギュー伝説

――現在、天山選手は新日本プロレスの生え抜きの選手で一番の古株となりました。基本的に95年1月の凱旋帰国以降はビジュアルの変化があまりないので、少し意外な気もするというか。

天山　まあ、年を取るのはしょうがないことなんで、やっぱり髪型とか見た目だけでもキープしたいっていうのはありますね。新弟子の頃からずっと同じ床屋さんで、一時期はコジ（小島聡）や吉江（豊）も通ってたんですよ。みんな、海外修行から帰ると奇抜なヘアスタイルになって（笑）。あと、坂口征二（新日本プロレス相談役）さんにもその店をご紹介したところ、いまでも足を運ばれてますね。たまたま店で一緒になったときに「坂口さんも僕みたいな髪型、いかがですか？」って言ったら、「カミさんに怒られるよ！」っておっしゃってましたけど（笑）。

――キャリアを振り返ると、若手時代の天山選手はいろいろな伝説をお持ちですよね。橋本真也さんに「レンゲを取ってくれ」と言われたら多摩川の土手にレンゲソウを摘みに行ったり、獣神サンダー・ライガーさんに「瞬間接着剤を買ってきて」と頼まれたら『週刊新潮』を買ってきたりと（笑）。

天山　レンゲに関しては、ちょっと尾ひれがついてますけどね。そもそも僕はレンゲ自体が何なのか知らなかったんですよ。だから、「ラーメンにレンゲソウを添えるってことなのかな?」と思って冷蔵庫を探したけど見当たらなかったんで、橋本さんに報告したら「そこにあんだろ!」って食器置き場を指されても「いや、ちょっとわからないです」って答えてしまって（笑）。あと、付き人として長州（力）さんの着替えを手伝ってるときにトチったこともありますね。長州さんがコッチに手を差し出したんですよ。Yシャツの手首のボタンを止めろってことだったんですけど、僕は「『いつも世話になってるな』っていう労いの握手かな?」と思って、その手を握り返したら「……おもしれえな、コラ」って言われて（苦笑）。

――以前、中西学さんが「天山さんは京都のお坊ちゃんやから」と言われてたんですよね。要するに育ちがよく、少し世間知らずなところがあるということなのかな、と（笑）。

天山　ああ……。なんか、僕は「これをやれ!」って言われたら、そのことしか考えられないタイプだったんですよ。朝は寮の玄関前を水撒きするって決まりだったんですけど、雨の日も普通にやってたら、先輩に「何やってんだ、オマエ？」って注意されて（苦笑）。ただ、ニシオくん（中西）ほど世間知らずじゃないと思うけどなあ。たしかに実家は金融関係の仕事をしていて、何不自由なく育てられたとは思いますけど。まあ、高校を出てからプロレスラー目指してすぐに上京したんで、一般常識には欠けてたんでしょうね。また、入った世界も特殊ですし、付いていくのに必死で。よく、00年代が新日本の暗黒期とか言いますけど、自分にとっての暗黒期は新弟子時代ですから（苦笑）。僕は甘やかされて育ってきたからか、入門してすぐホームシックになって一度夜逃げをしてるんですよ。結局、出戻りしたんですけど、そこからが大変で。

――天山選手が辞めた直後に入門した小原道由選手や西村修選手に、かなり厳しくされたそうですね。

天山　そうなんです。僕が3月に辞めて、4月にその二人が入って。僕は5月に戻ったんですけど、とくに小原さんには厳しくされましたねえ。「一回辞めてなきゃ、コイツは後輩なのに」って思いましたよ。僕が橋本さんとライガーさんのイタズラの餌食になったってよく言われますけど、それは明るい感じで構ってもらってるというか、悪い記憶は全然ないんですよ。忘れてることも多いし、時が経っていい思い出になってるというか。

――これは覚えてるかわからないですが、ヒロ斎藤選手にお聞きしたのが、素っ裸の天山選手が寮の居間で両手両足を縛られたまま放置されていて命乞いをされた、と（笑）。

天山　いやあ、いい大人がシャレになんないですよね（苦笑）。でも、そんなのも日常茶飯事だったんで、それを言われても「ああ、そんなことあったかもなあ」くらいなんですよ。べつに試合に支障があるとかじゃないし……。アッ！　一つだけありました、欠場に追い込まれたヤツが。

――橋本さんの指示でブロック割りをやって、拳を骨折した事件ですかね？（笑）。

天山　そうそう（苦笑）。あれは橋本さんがテレビ番組でブロック割りをすることになって、「オマエも来い」って誘われたんです。それで現場について、僕がヘッドバットでブロックを割ったら、「よし、次は正拳でいけ！」って言われて、実際に割れたんですよ。それで「見たか、コノヤロー！」みたいに見栄を張ったら、番組のスタッフさんに「もう一発いきましょう」と言われて、また同じようにやったんですよ。それで「ヨッシャー！」って叫んで「カーット！」ってなって終わったんですけど、なんか痛みがさっきとちょっと違うんですよ（笑）。

――異変を感じたわけですね（苦笑）。

天山　「アレッ？　ちょっとすみませ～ん、痛い……かな？」みたいな（苦笑）。そのうちドンドン腫れだしてきたんで病院に行ったら、見事に折れちゃってて、もうシリーズ開幕直前だったんで「マジか〜」ってなって。当時、僕は橋本さんと同時に長州さんの付き人もしてたんですけど、包帯でグルグル巻きの手を見た長州さんに「なんだ、ソレ?」って言われて「はい、橋本さんの番組で折れちゃいまして……」って、〝橋本さん〟の部分を強調して説明をして。そうしたら長州さんが「なんだ、あのヤロー! ちょっとチンタ（橋本）呼んでこい!」って激怒されたんで、「橋本さん、ちょっと長州さんがお呼びなんですけど」って報告に行きながら、内心「シメシメ」と（笑）。で、離れたところから二人を見てたんですけど、「何させてんだ、コラ!」「いや、テレビですよ!」って言い合いになってるんですよ。その途中で橋本さんがギロッとコッチをにらんだんですけど、僕は知らんぷりをして（笑）。当時、もともと橋本さんと長州さんは仲がよくなかったんですけど、あの一件でさらに悪化したかもしれないですねえ。

――不仲の原因は自分じゃないか、と（笑）。

天山　でも、橋本さんは性格的にカラッとしていて、本当にかわいがってもらいましたから。逆に小原さんはコッチを目の敵にしてたっていうか、もう30年近く前なのにわりと鮮明に覚えていて。

――いまだに根に持ってるんですね（笑）。

天山　ただ、僕が〝猛牛〟をキャラにしたのは、あの人がきっかけなんですよ。「顔デケえし、牛みてえだな。オマエは〝ヤマギュー〟だ！」って言われてたのを、逆手に取って。だから、そこに関しては感謝……、しなくてもいいか（笑）。西やん（西村）に関しては、入門前に新日本のプロレス学校で一緒だったときは仲よくやってたのに、急に態度が変わって小原さんと結託したんですよ。最初は「なんだよ、裏切りやがって！」って感じだったんですけど、その溝が徐々に埋まってきたというか。向こうが言うには「当時は天山がポンコツすぎたのが悪い」っていうことらしいですけど（苦笑）。

――西村選手は「天山は被害者意識が強すぎる」と発言されてました（笑）。

天山　ハッハッハッ！　それ、ウチの嫁にもよく言われるんですよ。ちょっとした口論になると「アンタ、話が全然べつのことになってるよ？　大丈夫、頭？」とか。う〜ん、西やんの言うことが正しいかもしれないですね、認めたくないですけど（笑）。

平成初期の若獅子たち

――天山選手が91年1月にデビューした直後、小原さんに続くアニマル浜口ジムの第二号レスラーとして小島選手が新日本に入門しますが、のちのベストパートナーの最初の印象は？

天山　「ヘンなヤツが来たらイヤだな」って思ってたんですけど、コジは社会人経験もあったからか、まともだったんですよ。最初は「身体がデカいな、顔にしまりがないけど」って思いました（笑）。僕にとってよかったのが、コジが入ってきたことで小原さんの矛先がソッチに変わったんですよね。そういう意味で助かったし、僕はコジには優しく接してたと思いますよ。vs小原が最初のテンコジの絆じゃないですけど（笑）。あとは僕が仲よかったのは金本（浩二）さんですね。金本さんは僕が出戻った1カ月後に入ってきて、同じ関西出身だったのもあってか、「一緒にがんばりましょうね！」みたいな感じで。

――互いに「金本さん」「山本さん」と呼び合ってたそうですね。

天山　僕のほうが先輩なんですけど、年は金本さんが4つ上なんでお互いに〝さん〟づけで。あの当時、コッチよりも金本さんのほうが身体つきがゴツかったんですよ。だから、「将来は一緒にヘビーでやりましょうよ」って誘ったんですけど、当時からあの人は「いや、俺はジュニアでいいんすわ」って言ってましたね。

――その後、92年になると永田裕志選手と中西学さん、そして石澤常光（現ケンドー・カシン）選手といったアマレスで大きな実績を残す後輩たちが入門してきました。

天山　永田は当時から堂々としてましたね、練習でも先輩にひけを取らないし。ちょっと新弟子には見えなかったですよ、態度も大きくて（笑）。当時、新弟子は寮の居間にいるときは床に座るもんだったんですよ。それが最初からソファーに座ってて、コッチが「ダメなん

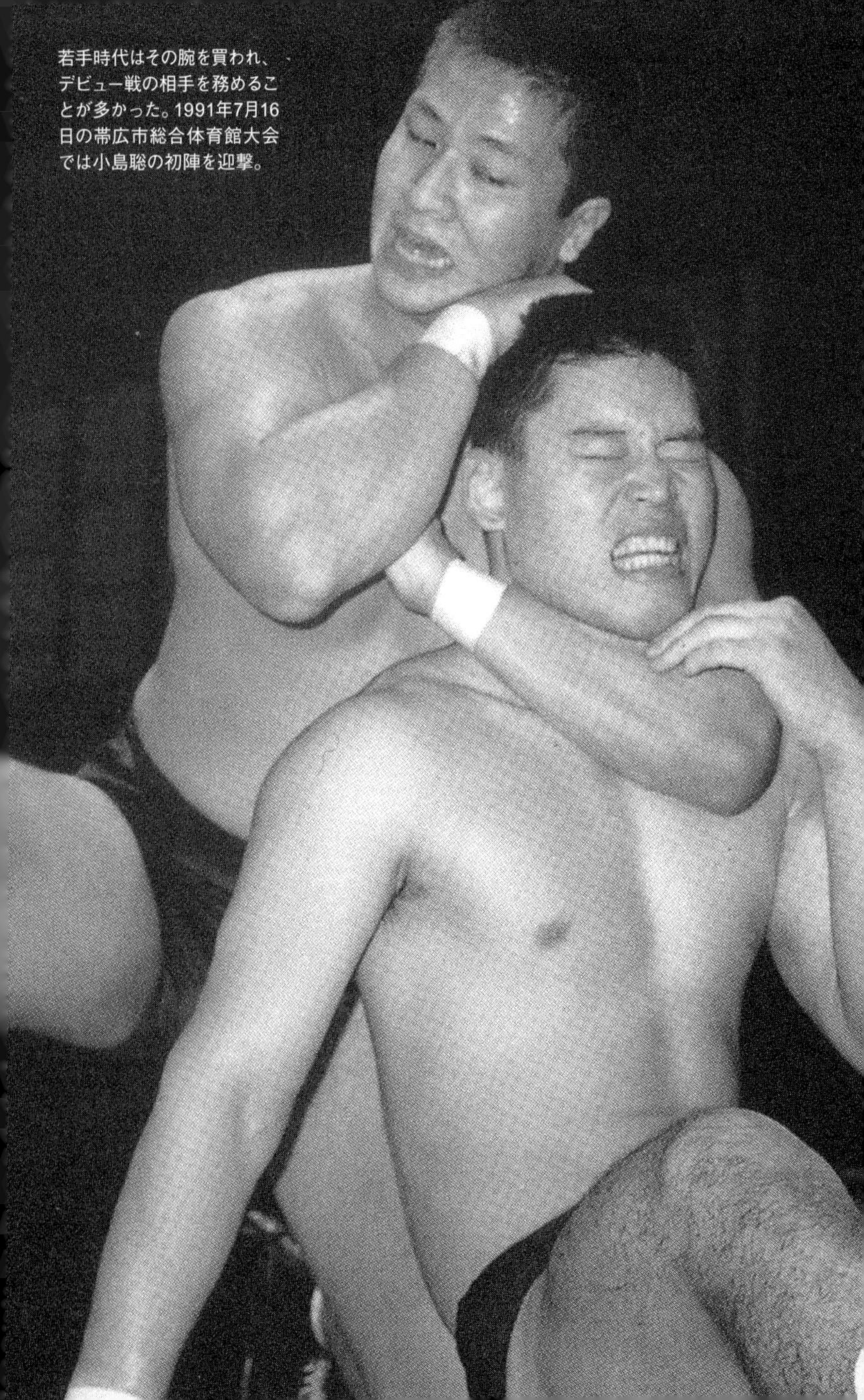

若手時代はその腕を買われ、デビュー戦の相手を務めることが多かった。1991年7月16日の帯広市総合体育館大会では小島聡の初陣を迎撃。

だよ、最初は下だから」って言っても「エ〜ッ?」みたいな感じで(笑)。あの新人らしからぬふてぶてしさは、大物だなって思いましたね。

――天山選手にとってその3人は年上の後輩になるんですよね。

天山　永田とカシンが二つ、ニシオくんが4つ上ですかね。やっぱり高卒で先にプロの世界に入ってる身としては、大卒でバックボーンが注目されてた連中には負けたくないって思いましたよ。当時、長州さんや馳(浩)さんも僕らみたいな叩き上げと、スカウトしてきたエリート連中を競い合わせようっていうのがあったんでしょうね。練習以外の部分だと、永田や石澤は雑用もうまくこなして要領がいいなって思いました。そういう人間は橋本さんやライガーさんのターゲットにならなかったというか。ただ、大卒でもニシオくんはちょっと違ったけど(笑)。

――とはいえ、当時の若手勢の中ではバルセロナ五輪に出場した中西さんが、大きな注目を集めてましたよね。

天山　ニシオくんは入門前に闘魂クラブ(新日本がレスリングの選手を育成するために発足)にいた頃から、たまに道場に来てたんで顔見知りではあったんですよ。その頃はプロレス入りするかわからなかったんで「オリンピック、がんばってくださいね」とか声を掛けて。当時から「ズバ抜けた身体してるな、プロレスに来たらヤバいな」って気になってましたけど、新弟子で入ってきて1～2週間したら「あ、これだったら問題ないかな」って（笑）。

――評価が一転しましたか（苦笑）。

天山　やっぱり、プロ向きの性格とかありますからね。彼は優しすぎるというか、小心者なところがあって。あと、僕以上に話してることがよくわからなくて「大丈夫かな、コイツ?」って思ったり（笑）。もちろん、体力はとてつもなかったですけどね。ただ、「いつ、中西は化けるんだろう?」って思い続けて、そこまで大きく変わらなかったかなあ。これ読んで、ニシオくんはちょっとショックを受けるかも知れないけど（苦笑）。

――中西さんに対しては、周囲の期待も大きすぎたというか。

天山　そうそう、デビュー戦から華々しかったし、その後も抜擢される機会も多くて。本人としても戸惑ってたと思いますよ。コッチとしてはジェラシーがありつつも、「プロレスとアマレスは違うからな」って上から目線で。でも、彼と仲はよかったほうだったと思いますよ。寮に住んでる頃、お盆休みに京都に帰るとき、同郷のニシオくんを彼の実家まで送っていったり。僕は道場近くの駐車場に、先輩たちに内緒で車を置いてたんですよ。当時、西やん（西村）も車を持ってたんですけど、先輩たちにこき使われてたんで、僕は黙ってようと思って（笑）。

――新人時代、天山選手はデビュー戦の相手を務めることも多かったですよね。そのへんは腕を買われてということなんでしょうけど。

天山　当時、馳さんには「オマエ、センスあるな」って言ってもらいましたよ。それはうれしかったし、凄く自信になりましたね。僕がデビュー戦をやったのはコジとか永田とか、あとは大谷（晋二郎）ですか。大谷と高岩（竜一）も雑草というか、永田たちに負けじとがんばってましたよね。でも、高岩がまたちょっとヌケてるんですよ。アイツのデビューが決まって、それを小耳に挟んだ僕が本人に「デビューが決まったらしいぞ！」って声かけたら、「エッ、ホンマ？」って友だちみたいに返してきたから「何がホンマじゃ、先輩や！」って怒りましたけど（笑）。まあ、この業界、とくにあの頃に入ってきた人間はみんなどこかしら変わってますよ。普通の感覚の持ち主じゃ、すぐに辞めると思います。ウチの嫁も「プロレスラーって、ちょっとおかしくないと続かないよね」って言いますもん（笑）。

凱旋帰国後の快進撃

――天山選手は93年3月に『ヤングライオン杯』で優勝を果たすと、同年の6月からヨーロッパに海外武者修行に出発します。そして、95年の1・4東京ドームでの凱旋試合で中西さんを下しましたが、その変貌ぶりがインパクトを残しました。

1993年には6年ぶりに『ヤングライオン杯』が開催。3月23日の東京体育館での優勝決定戦では西村修を下し、若手トップの貫禄を示した。

天山　ヨーロッパのあとカルガリーに行って、とにかくジョー大剛（新日本の海外エージェント）さんに鍛えられましたからねえ。腕立てだけでもいろいろ角度を変えて一時間とか。あとはとにかく食わされましたよ、普通にジャパニーズレストランでカツ丼5杯とか。そのニシオくんとの凱旋試合はマウンテンボムで勝ってるんですけど、アレは海外土産でも何でもなくて、実は馳さんに教えてもらった技なんですよ。94年の年末に帰国したときに、馳さんから「身体、デカくなったな！　技はどんなの考えたんだ？」って言われて、「いろいろあるんですけど、もう一つ何か大技がほしいんですよね」って答えたら、「じゃあ、こういうのはどうだ？」って授けてくれて。

――あれは日本で身につけたものだったんですね。

天山　そうなんですよ。凱旋試合ではムーンサルトプレスを初公開したんですけど、そのあとわざわざマウンテンボムで仕留めて、技を出しすぎたっていう（笑）。アレはいまでも大事に使い続けてますし、やっぱり馳さんのそういうアドバイスは凄いなって思いますね。

――そして、天山選手は95年2月に24歳の若さで橋本さんのIWGPヘビーに初挑戦すると、その直後に蝶野正洋選手とヒロ斎藤選手と狼群団を結成し、一気にトップ戦線に食い込みますが、当時はプレッシャーを感じてましたか？

天山　いやもう、そんなヒマもないというか「ここで飛び出さなきゃ、いままでの苦労が水の泡だ!」っていう気持ちでしたね。むしろ怖いものナシっていうか。そのぶん、リング上の風当たりも強かったですけど。

——橋本さんや佐々木健介さんなど、キツい攻撃をあの時代に誰よりも食らっていたというか。

天山 「このクソガキが!」みたいな感じで潰しに来ましたよね。また、タッグで蝶野さんとヒロ(斎藤)さんと組んでると、いくら僕が一番若いとはいえ、相手の技を食らう割合がおかしいんですよ。コッチがタッチの手を差し伸べても、二人とも手を引っ込めて「いけいけ、もっと!」「エエッ!?」みたいな(笑)。〝蝶天タッグ〟を組んでたときも、蝶野さんに「今日は天山、80パーな」って言われて、「80!?」「あ、おかしい? じゃあ、90でもいいよ」って(苦笑)。で、蝶野さんが最後にちょこちょこって持っていくんですよ。

——おいしいところを(笑)。

天山 でも、狼群団のときはいつも一緒にメシを食いに行って、「こうすればもっとオマエのよさが出る」とかいろんなことを教えてもらったので、感謝しきれないほどですよ。しかもご馳走してもらえるのでラッキーみたいな(笑)。いま思い返すと、僕が海外から日本に帰ってきたとき、最初は空港に汚いオッサンたちが迎えに来たんですよね。平成維震軍っていう(笑)。

――最初に越中詩郎選手を中心とする平成維震軍が天山選手を勧誘したんですよね。

天山　そうしたら、今度は蝶野さんが声を掛けてくれて。そもそも蝶野さんとは若手時代、そんなに接点はなかったんですけどね。あの人は道場に滅多に来なかったし、たまに練習してたらみんなで「大雨でも降るんじゃないか?」ってざわついて（笑）。ただ、蝶野さんは人があんまり見てないところで個人的に練習してたんですよ。たまにベンチプレスが170kgとか180kgでセットしてあって、「こんな重いの、誰がやるんだろ?」って思ってたら、蝶野さんが「ヨイショッ!」って上げはじめて。

――でも、蝶野選手は試合ではパワーよりもインサイドワークを駆使して。

天山　間近で接してみて、クレバーな人だなって思いましたよ。まあでも、闘魂三銃士でいうと、やっぱり僕は橋本さんと距離が近かったし、あと武藤さんもよく道場に来ていて。だから、蝶野さんとはそこまでという感じだったんですけど、一緒に行動するようになって。蝶野さんのヒール人気で狼群団は声援もブーイングも凄かったんですけど、街中でもファンに「蝶野だ!」「天山だ!」って話しかけられるんですよ。僕は「向こう行け、オラッ!」って威嚇するんですけど、そうすると蝶野さんに「オイ、そこまでやらなくていい、ならず者じゃないんだから」って注意されて（苦笑）。

――たしなめられた、と（笑）。

1995年2月12日の後楽園ホールで蝶野正洋やヒロ斎藤と結託し狼群団を始動。

nWo JAPANは一大ブームとなり、プロ野球など他ジャンルのスポーツ選手が応援サポート。

天山　その一方で、会場に入るときに群がるファンを僕が「どけ、オラッ！」ってやると、蝶野さんとヒロさんは「天山が先に歩くとスムーズだわ」って言ってましたけどね（笑）。やっぱり、あの人たちと組ませてもらったのは飛躍のきっかけになりましたよ。その授業料が試合で盾になることっていう感じでしたけど、当時はコッチも壊れない自信があったし、「何が来ても受けてやるよ、コノヤロー！」って意地になって。受けっぷりがいいと相手の技も映えるし、会場が沸くのが快感なんですよ。自分も先輩後輩関係なく、ガンガンいってたし。ただ、当時はアイシングもロクにしてなかったんで「あのとき、しっかりケアしてればな」とは思いますね。結局、その当時のダメージの蓄積がいまになって来てる部分はあるので。だから、若い選手には「年取るとしんどい思いするから、ちゃんとメンテナンスしとけよ」ってアドバイスをしてます。

波乱の最中のIWGPタッグ戴冠

――天山選手は97年5月からは蝶野選手が始動したｎＷｏ ＪＡＰＡＮのメンバーとして活動し、同年の『Ｇ１ ＣＬＩＭＡＸ』では準優勝を果たしました。

天山　まだまだ僕も二十代で若くて、さらにやりたい放題になったというか、おもしろい時代でしたね。アメリカで大ブームだったnWoを持ち帰った蝶野さんはさすがだし、そこに乗っかれたのは運がよかったなって。この頃から業界外でも注目されて、蝶野さんと一緒にいろんなテレビ番組にも出演させてもらいましたから

――何か印象に残ってる番組はありますか？

天山　蝶野さんやコジと『THE夜もヒッパレ』（日本テレビ系列）っていう番組で、福山雅治さんの『HEY！』っていう曲を歌ったんですよ。まさか自分がプロの歌手の方が出演される番組で、歌うことになるとは思わなかったですからね。蝶野さんは「カモン！」って叫んでるだけでしたけど（笑）。明石家さんまさんやタモリさん、とんねるずさんとか大物と言われる方にもたくさんお会いしましたよ。これは後年ですけど、北野たけしさんの『監督バンザイ！』っていう映画で、蝶野さんと〝蝶天ラーメン〟の店員として出演しましたし。わりと僕はミーハーなんで『オールスター感謝祭』（TBS系列）に出たときは、見渡すかぎりのタレントさんに囲まれて「ここにいてもええの？」って思いましたねえ。

――キレイなタレントさんとも大勢共演されたのでは？（笑）。

天山　役得ですよね（笑）。わりと最近、『探偵はBARにいる3』っていう映画で北川景子さんとご一緒させていただいたんですけど、断トツで美人でしたよ。顔なんか僕の何分の一なんだろうっていうくらい小さくて……、完全に余談ですけど（苦笑）。

――話をリングに戻します（笑）。天山選手はｎＷｏ ＪＡＰＡＮとして活動していく中、98年の年末に小島選手との〝テンコジタッグ〟を本格始動します。そして、99年の１・４東京ドームで天龍源一郎＆越中詩郎組からＩＷＧＰタッグ王座を奪取しますが、あのときは橋本真也vs小川直也の不穏試合の直後で、会場はかなり異様な雰囲気でしたよね。小川選手が暴走ファイトで橋本さんを叩きのめした末、結果はノーコンテストになって。

天山　あのときのことはよく覚えてます。入場ゲート裏にあるモニターでチラ観しながら「なんだ、この試合？」って思ってたら、そのうちセコンド勢が集まって収拾つかなくなって、ワケわかんない終わり方で会場が大ブーイングに包まれて。それこそ試合の出番が次じゃなかったら、僕も「コイツら、何やってんだ？　しょうもない試合しやがって、ふざけんな！」って、リングに走っていきたかったくらいでしたもん。

――それは小島選手も同じように？

天山　いや、コジはヘラヘラ～って（笑）。ヘラヘラってことはないですけど、動揺してたんちゃうかなあ。で、僕たちは会場全体が殺伐としてる中を入場して、試合が始まっても観客がリングに集中してないのが伝わってくるんですよ。それもあって「これはもう、仕掛けるしかないな」と思って、コーナートップから場外にムーンサルトをやったんです。そうしたら頭が重いから、危うく頭頂部から落下しそうになって（苦笑）。

——あの天山選手の決死のダイブで場内の空気が変わりましたよね。１２０kgある選手が繰り出す技ではないというか。

天山　実際、やったのはあれが最初で最後なんですけど、あの広い会場の視線をコッチに向かせたっていう手応えは感じましたね。キャリアの中で何度かあるんですよ、「ここはもうやるしかない！」っていう場面が。それで大失敗したこともありましたけどね。意識がない中、ムーンサルトで飛んだら頭からマットに突き刺さったこともあったし。

——02年の9月6日、石川県産業展示館3号館の西村修戦ですよね。

天山　あの試合後、気づいたら病院のベッドで横になってたんですけど、あやうく死にかけたからか、気が動転して状況が呑み込めなかったんでしょうね。「長州、どこ行った！」とかワケわかんないことをわめき出して、「落ち着け」って押さえようとしてくれた飯塚（高史）さんにツバを吐きかけたらしくて（苦笑）。

——まるで悪魔が乗り移ったというか（苦笑）。

天山　ホント、そんな感じだったみたいです（笑）。あと、コジにも殺されかけたことがあったんですよ。『G1』公式戦（11年8月14日・両国国技館）でムーンサルトをやろうと思ってコーナーに上ったら、コジに雪崩式の技（コジコジカッター）で頭から垂直に叩きつけられて、「ヤバい、首が折れた！」っていうくらいのダメージで。そのあと幽体離脱じゃな

1999年の1.4ドームでは、場外に向けての決死のムーンサルトアタックを敢行。

いですけどなんかフワ～っとした感覚というか、気づいたら上から自分の身体を眺めてて、「アレ？　俺が伸びてるぞ⁉　ウソウソ、ヤバい、戻らないと！」って（笑）。そういう瀬戸際ってほんの数秒だと思うんですけど、凄くスローに感じるんですよね。そのときはコッチが勝ったんですけど、意識が朦朧とする中で救急車のサイレンが聞こえたんですよ。それで「あ、大事を取って呼んでくれたんだ」って思ったら、コジが運ばれていって「ソッチかい！」っていう（苦笑）。

――小島選手もその試合で右眼眼窩底を骨折したんですよね、まさに死闘というか。

天山　実はその試合の3時間くらい前に、大剛さんに紹介してもらった知り合いの方から着信があったんですよ。僕と同い年で何かとお世話になった方なんですけど、そのときは練習中で出れなくて。で、試合後に電話したらその人のお兄さんが出て「天山さん、昼はお電話失礼しました。実はウチの弟が今朝亡くなりまして」って言われて「エエッ⁉」ってビックリして。だから、自分が試合で無事だったのは、もしかしたらその方が守ってくれたんじゃないかなって。まあ、コジが運ばれるときは「俺も一緒に乗せてよ！」って思いましたけど……、アレ？　また、余談でしたね（笑）。

――99年の1・4ドームに話を戻すと、テンコジタッグの王座初戴冠は波乱の最中だったというか。

天山　同世代のコジとベルトを獲ったのはうれしいけど、なんか素直には喜べなかったですかね。「橋本vs小川は、どうやって落とし前つけるんだ？」っていうほうが気になって。どうしてああいう試合になったか、のちに「猪木さんが小川を焚きつけた」とか、いろんな話が耳に入りましたけど、当時は「ふざけんな！」っていう気持ちが強かったですよ。

――新日本マットに爆弾が落とされた格好となりましたが、もともと小川選手は97年4月にプロ転向したあと、新日本の道場でも練習をされてたそうですね。

天山　もっと遡ると僕がヤングライオン時代に、まだ柔道時代の小川選手が坂口さんのツテで道場に練習に来たことがあったんですよ。そのときは柔道出身の小原さんが仲よさそうに話をしていて。で、小川選手も僕らの練習に参加したんですけど、そのときは柔道と勝手が違ったのか、ついてこれなくて。メダリストのそういう姿を見て「俺はそれだけキツい練習をやってるんだな」って自信になったし、あとは「もしかして中西学のほかに小川直也も新日本に入るの？　もう大物ルーキーは勘弁してよお」って思いましたけど（笑）。

――あの橋本vs小川を境に新日本が揺らぎはじめたというか、猪木さんが格闘技路線を推し進め、団体の方向性に疑問を持った選手たちの離脱につながっていったと思います。

天山　そうでしょうね。本音を言えばあの1・4ドームのときに、橋本さんにやり返してほしかったっていうのはありましたよ。ただ、何よりも猪木さんに対して「どっちの味方なんだ？」って思いましたね。新日本の産みの親が、団体から心が離れつつあったというか、当時は「何がやりたいんだろう？」っていうのを常に感じてました。猪木さんは誰も思いつかないような発想で、大きなうねりを起こそうとしてたのかも知れないですけど、その方法にあの当時は違和感がありましたね。

——そもそも、天山選手は猪木さんとは何か具体的な接点は？

天山　猪木さんがたまに道場に来られて、僕も何回かマッサージをしたことはありましたけど、当時の若手にとっては雲の上の人すぎるので「猪木さんは石澤に任せとこう」みたいな空気があって。そもそも僕はファン時代に長州ファンで、猪木信者ではなかったんで「あんまり嫌われてもイヤだな」という感じで接してました。

——その中で、猪木さんとの会話で印象的だったことはありますか？

天山　実現はしなかったんですけど「もしかしたら韓国で試合するかも知れないから、そのときはがんばれよ」って言われたのは覚えてます。新日本が北朝鮮で『平和の祭典』（95年4月18～19日）をやったときに、僕は出られなかったので、そういうことを言われたのかも知れないですね。あとは猪木さんの亡くなられた奥さまからお誘いを受けて、タイガーマスクと伺ったこともありましたし。それと新日本のイタリア遠征（05年6月）のときは、僕がＩＷＧＰヘビーを巻いてたんで「チャンピオンとしてがんばれよ」って発破をかけていただいて。

盟友コジとの突然の別れ

――新日本の格闘技路線の中で、同じ第三世代の永田選手や中西さんが総合格闘技ルールの試合に出陣しましたが、実は天山選手にもそういったお話が持ちかけられたとか？

天山　一回ありました。イヤな記憶なんで、どこで誰とやるかもよく覚えてないんですけど、永田やニシオくんが出たあとくらいかな。でも、僕はプロレスと総合格闘技は境界線を作るべきだと思ってたし、たぶん蝶野さんあたりがストップしてくれたんだと思います。誰かの私利私欲のためにプロレスが利用されるのは「いい加減にしてくれ！」っていうのはありましたよ。

――同じ仲間たちが、プロレス以外のルールで負ける姿を観るのは、複雑な気持ちでしたか？

天山　なんか、彼らが新日本のリングで築き上げたものが、その1~2試合で崩れてしまうような気がしたんですよね。もちろん、勝てばよかったんでしょうけど、結果的に犠牲者みたいに見えちゃって。猪木さんに頼まれたら断れないのもわかるけど、オレだったら「ほかを当たってください」って言ってたんじゃないかなあ。当時の僕は〝アッチ〟に出ない代わりに「プロレスをなんとか盛り上げてやる、この灯を消しちゃダメだ！」っていう思いでしたね。選手が愛想をつかすように新日本を辞めていったのも悲しかったし。武藤さんが全日本プロレスに行ったのは、蝶野さんも寝耳に水だったんじゃないかな。ただ、あの人はスマートなんで、表面上は憤りながらも内心では「ピンチはチャンス」と捉えてたかもしれないですね。

――その武藤選手に追随する形で小島選手も02年1月に新日本を退団し、テンコジタッグに別れが訪れました。この直前、前年の01年12月にテンコジタッグは『G1タッグリーグ』で初優勝してましたし、かなり思うものがあったのでは？

天山　それはもう「さあ、これからだ！」っていう時期でしたからねえ。その優勝のあと、武藤さんと一緒に新日本を辞める社員の人に呼ばれて、「実は武藤さんと全日本に行くことになり、小島さんも辞めるんです。天山さんも一緒に来ませんか？」って声を掛けられたんですよ。コジからは何も聞いてない状態だったんで「エエッ!?　なんやソレ、全然聞いてへん！」って驚いて（苦笑）。

――ちょっとショックだった、と（苦笑）。小島選手は同時期に武藤選手から全日本移籍の話を持ちかけられ、「腹を決めるまでは、天山にも話すなよ」って口留めされたみたいですね。

天山　でも、「パートナーなんだから相談くらいしてもいいんじゃないの？」とは思いましたよ。僕はその社員さんには「ちょっと考えさせてください」と伝えて、コジに速攻で「コジさあ、辞めるってホンマ？」って連絡したんですよ。そうしたら「すみません、まだ黙っててください」って言われて「いや、黙っててって言われてもさあ、こんな大事なことさあ！」ってなって、直で会って話をしたんです。そのとき、なぜかコジはのちの嫁さんも連れてきたんですけど（笑）。

――プライベートのパートナーを（笑）。

天山　あ、そのときは違うかなあ？　ちょっと記憶は曖昧なんですけど、当時はコジと家族ぐるみの付き合いをしてたんで、もしかしたら嫁さん同伴はべつのときかも知れないです。で、僕が「タッグリーグで優勝したばっかなのになんでよ？　何がイヤなん？」って聞いたら、なんかもう、全日本に行く人たちに説得されちゃってた感じで。当時、全日本に大きなスポンサーがつくって話もあったんですよね。それで帰ってから、まだ結婚前だった嫁に相談したら「そんなおいしい話、あるわけないじゃん！」みたいな（笑）。「アンタさ、よく考えなよ？　いままで新日本でやってきたんだから、裏切っちゃダメなんじゃないの？　絶対残ってたほうがいいって！」って言われて、「それもそうかあ」って。

――奥さまに諭されたわけですね（笑）。

小島聡の新日本ラストマッチの試合後、「全日本に行ってもがんばれよ！」とエール。

天山　そのときはなんか心に染みましたね（笑）。そもそも僕は出戻りで新日本に拾ってもらった身ですから「俺の死に場所はここなんだ！」って腹を括って。コジには「俺は残ることにしたから。コジも辞めんなよ！」って説得したんですけど、アイツも決心が固くてお互いに新しい道を歩むことになって。それで年が明けて、1月の最後に二人でタッグを組んだんですよね。

――02年1月24日の後楽園で小島選手の所属ラストマッチとして、健介&西村組に勝利を収め、試合後は涙の別れとなりました。

天山　あのときも試合前、「なあ、コジ。考え直さへん?」って、ギリギリまで説得したんです。で、試合が終わったあと、最後に控室で二人だけになったんですけど、どっちも涙々なんですよ。若手時代から切磋琢磨した仲間が遠い世界に行ってしまうというか、これでもう二度と会えないような気すらして、「残された俺はどうすればええんや?」みたいな感覚に陥って。でも、そうしたら1年後の1・4ドームで、アッサリとタッグを組んだんですけど（苦笑）。

――03年の1・4ドームで団体の垣根を越えてテンコジタッグが復活し、蝶野&中西組と対戦しましたね（笑）。

天山　もうね、「あの涙はなんだったんだ！」っていう、そのあたりから正直、ちょっとずつコジに対する不信感が芽生えましたよ（笑）。それ以降、定期的にコジとは団体の垣根を越えて組んだり戦ったりするんですけど、なんかどこかで引っかかってましたね。もちろん、そこはプロだし割り切ってやるわけですけど、「アレ？　全日本が好調だったら、新日本に上がってる？」みたいな。

――小島選手はご自身のことを優柔不断と分析されてたんですよね。こちらの印象としてはリングを下りると非常に物腰柔らかいイメージというか。

天山　その人当たりのよさ、誰に対してもニコニコする八方美人なところが、コッチとしては腹の中で何を考えてるかわからない部分で……、（ここで天山のスマホが鳴ると）ほらほら、コジが悪口を言われてると思って、電話してきたんじゃないですか？（苦笑）。まあ、ホント、ちょっと怖いというかね……、（と言いながらスマホを見て）あ、コジじゃなかった、よかった（笑）。

『G1』初優勝&IWGPヘビー初戴冠

――武藤一派が新日本を退団して以降、蝶野選手が猪木さんからの指名で現場監督を務めるようになりましたよね。

天山　蝶野さんが前面に立つようになって、前の現場監督だった長州さんも新日本を辞めていったんですよね。そのあたりから個人的に蝶野さんとの関係性が少し変わった気がします。べつに僕も普通にすればよかったんですけど、気が張ってる蝶野さんに対して、どこか近寄りがたさを感じてしまったというか。00年代前半は橋本一派、武藤一派、長州さんや佐々木さんとどんどん辞めていって、残った選手たちも「これからどうなるんだろう？」って疑心暗鬼になってましたよ。永田とも道場で長いこと話しましたからね。最後は「俺たちでしっかりがんばろうな、新日本を守ってこうぜ！」ってガッチリ握手をして。

――そういう激動の中、03年は天山選手にとってターニングポイントとなった一年だと思います。ご結婚されたのもこの年でしたよね。

天山　2月ですね、団体が大変な時期に（苦笑）。まあ、凱旋してから長いこと付き合ってたし、「ここから新日本でがんばっていくぞ！」っていう意味でも一つのけじめをつけた感じで。その結婚式のときに橋本さんもご招待したんですよ。でも、橋本さんは当日大会もあったので「会場には行けない。でも、ビデオメッセージなら大丈夫だからウチの事務所に来いよ」って言われて、僕が伺ったんですよ。それで「ついに広吉も結婚か、がんばれよ！」って歓迎してくれて、昔話にも花が咲いて。それでいざビデオを回したんですけど、橋本さんのメッセージが下ネタばっかりなんですよ（苦笑）。「すみません、その話はちょっと……」って何度もカットして。あとは坂口さんとか星野（勘太郎）さんのヘンな物マネをして、「変わらないなあ、この人は」って思いましたね（笑）。

――この頃の新日本マットでは、髙山善廣選手や鈴木みのる選手、健介さんや天龍さんと言った外敵勢が幅を利かせていました。その中、天山選手は03年8月に『G1』優勝決定戦で、当時プロレスリング・ノア所属の秋山準選手を下して初優勝を果たしました。

天山　この優勝直前、べつに結婚して気が緩んだわけではなかったんですけど、リング上はスランプ状態だったんですよ。それで原点回帰ということで、カルガリーの大剛さんのところで鍛え直して、アナコンダバイスを伝授してもらって。大剛さんもかなり個性の強い人で合う・合わないがあるんですけど、僕はかわいがってもらいましたね。〝天山〟の名付け親でもあるし。

――この『G1』のときはうしろ髪を切り、黒くしてましたよね。

天山　そうそう、僕はずっとヘアスタルが変わってないと思われがちなんですけど、このときに心機一転で。あともう一回だけ、息子の入園式の際に嫁に「顔はしょうがないけど、髪型くらいどうにかしろ！」って言われたときに、ナチュラルにしましたけど（笑）。

――ヒールユニットのG・B・Hだった頃の話ですよね（笑）。そして、『G1』初優勝した勢いを駆って、同年11月の横浜アリーナ大会では髙山選手を下してIWGPヘビーを初戴冠

2003年の『G1』では、開幕戦でプロレスリング・ノアの秋山準に敗北。しかし、優勝決定戦で再び対峙し、雪辱を果たす。

キャリア12年7カ月で初の『G1』制覇。外敵優勝を阻み、新日本の牙城を守った。

しました。当時は先にシングルで実績を残していた永田選手や中西さんに対し、巻き返したいという気持ちがあったのでは？

天山　いつの間にか追い抜かれてた、後輩の彼らに対するジェラシーはありましたね。とくにニシオくんが『Ｇ１』優勝（99年）したときは「なんでアイツが！」って悔しかったし。まあ、格闘技の試合に駆り出される彼らと違い、プロレス一筋の自分が結果を残さないとっていう思いと、新日本の中でプロレスを盛り上げていかないとっていう気持ちは強かったですよ。髙山選手に関してはとにかく一発一発が重くて、中でもヒザが強烈で。でも、橋本さんの蹴りをさんざん食らってきたんで、なんとか耐え抜いてＩＷＧＰヘビーを手に入れて。

――95年2月の初挑戦から数えて7度目の挑戦での戴冠でした。

天山　初挑戦から苦節9年でしたよ。いや、ホントにあと一歩からが遠くて。あのベルトを獲って、初めて本当の評価を得られるっていう部分もあったので、何が何でもほしかったんです。いまと違って当時のシングルのベルトはＩＷＧＰヘビーだけで、選手にとって一番の勲章でしたから。たしかに03年は公私ともにいろいろありましたねえ……。『Ｇ１』で優勝したあと、ウチに帰って嫁に「優勝したぞ！」って伝えたら「ああ、そう。じゃあ、風呂掃除しといて」って言われたのを思い出しました（笑）。

――夫婦漫才みたいですね（笑）。この時代、天山選手は秋山選手や髙山選手など他団体の同世代の選手ともしのぎを削りましたが、その髙山選手は現在、試合中のアクシデントにより、入院生活を送られています。

天山　ケガをされたのを聞いたときはショックでしたよ。髙山選手は金ちゃん（金原弘光）とUWFインターナショナルで一緒でしたけど、僕は金ちゃんと新日本のプロレス学校の同期なんですよ。僕が新日本を夜逃げして実家に戻ったとき、金ちゃんに「オマエ、なんで帰ったんだよ！　俺らなんか背が足りないから入れないんだぞ？　もったいないから戻れよ！」って強く言われて、背中を押されたっていう経緯があって。いま、自宅の近所で金ちゃんが整骨院をやっていて、たまに治療してもらうんですけど、そのときに髙山選手の話も出て、今度一緒に見舞いに行こうっていう話になって。髙山選手は〝帝王〟と呼ばれたほどの人だし、真っ向からやり合った相手なので、一日も早くよくなってほしいですね。

混迷のエース時代

――天山選手は03年から05年にかけて、IWGPヘビーに4度君臨しています。これは第三世代の中で最多記録になりますが、落とした相手は当時ルーキーだった中邑真輔選手、そのほかの3回は所属外の外敵勢ということで、そこからも新日本が混迷の時期だったことがう

“帝王”髙山善廣を撃破し、待望のIWGPヘビー初戴冠。ようやく訪れた天山時代をファンは歓迎したが……。

かがい知れるというか。

天山　いや、ホントそうですよ（苦笑）。とくに最初に落としたときは、ようやくベルトを獲ったと思ったら、デビューして間もない真輔にやられたわけですからね。自分が不甲斐ないと同時に、納得できないのはありましたよ。ただ、真輔もそこから大変だったと思いますけどね。格闘技路線で存在感を見せても、プロレスはキャリアがないから試行錯誤しただろうし。やっぱりIWGPヘビーって重いんですよ。団体を背負うっていう意味は、あのベルトを巻かないと理解できないですから。まあ、真輔に取られたときはヤケを起こしましたね。「俺じゃダメなんか⁉」とも思ったし、嫁には「若い選手にすぐ獲られちゃって、バカじゃないの？」って言われるし（苦笑）。そのあと、年が明けてからベルトは奪取したんですけど、それもすぐに落としてるんですよねえ。

――04年1月、中邑選手が精密検査のためにベルトを返上し、天山選手は2月の新王者決定トーナメントを制しました。しかし、その翌月には健介さんにベルトを奪われて。ちなみにこの年、IWGPヘビーは王者が6度も変わっています。

天山　ボブ・サップとか藤田（和之）も巻きましたよね。なんか、新日本の一番の勲章が、たらい回しにされてたような印象はありますよ。その渦中というか、責任の一端は自分にあったと思うし、情けないなって落ち込んだりもしましたよ。気晴らしにパチンコやって、大

IWGPヘビー初防衛戦ではキャリア1年4カ月のルーキー、中邑真輔を迎撃。
重厚なファイトで攻め込むも、最後は腕ひしぎ逆十字でまさかの王座陥落。

負け食らって余計にストレス溜めたり（苦笑）。

——とはいえ、この時代は天山選手がエースだったというか、04年には『G1』の歴史上、二人目となる二連覇を成し遂げました。このときは最終日に天山選手が新・闘魂三銃士として会社からもプッシュされていた中邑選手、柴田勝頼選手、棚橋弘至選手を3タテして優勝をつかんで。

天山　草間（政一＝当時の新日本の社長）さんの頃ですよね、「第三世代は中邑たちの踏み台になれ」って言われててね。いや、ホント「ふざけんな、バカヤロー！」ですよ。会社が若い人間を押し出したいのはわかるけど、「なんで冷や飯食わなきゃいけないんだ？　いままでの苦労を台ナシにしてたまるか！」っていう意地がありましたよ。その年の『G1』の棚橋戦は、あの時代にあって「これぞプロレス」っていう戦いができたと思いますね。棚ちゃんはデビューした頃からしっかりしたレスリングができて、〝プロレス頭〟がスマートでしたよ。当時の真輔や柴田に比べて噛み合うなって思ったし、プロレスで新日本を盛り上げるっていう気持ちは一緒でしたね。

——天山選手は柴田選手と乱闘騒ぎになったこともありましたよね。柴田選手が魔界倶楽部に入る直前の02年11月、マスクを被ってセコンドについたときに、天山選手がいい蹴りを食らってブチ切れたという（苦笑）。

天山　あったあった！　試合後のバックステージでも「テメー、ふざけんな！」って、周りが唖然とするくらいボコボコにしちゃったんですよ。そうしたらライガーさんに「オイ、そのくらいにしとけよ！」って注意されて、「イヤ、アンタは関係ないでしょ！」って言い返したら「何、コラ⁉」ってなって、周りが慌てて止めに入るっていう（苦笑）。いや、それこそ当時はモヤモヤが凄かったんですよ。会社にも不満が溜まってたし、格闘技がベースの選手を集めた魔界倶楽部っていうのがポッとできて、「なんだ、コイツら？　やってられっか！」っていう気持ちがあって。そういう中でセコンドの柴田の蹴りがバコンって入って、お客さんの前なのに正体不明のマスクマンとか関係なく「テメー、柴田！　逃げんな、コラッ！」って追い掛け回して（笑）。

――あの時代だからこそのハプニングだったんですね。

天山　柴田といえば、個人的には親父さんの柴田勝久レフェリーが思い出深いんですよ。若手時代、柴田さんはシリーズが始まると上京してきて、ライガーさんみたいに寮で寝泊まりされてて。当時は前座の試合を柴田さんが裁いてたんですけど、僕がモンゴリアンチョップを出すと「もっといけ！　もっといけ！」って発破をかけてくれるんですよ。で、試合後に「あの技はお客さんも沸くから、もっとここぞっていうときに派手に出したほうがいいぞ」とか細かいアドバイスをくださって、わりと目にかけていただいたというか。

――そのお世話になった息子さんにブチ切れた、と（笑）。

天山　ハッハッハ！　この柴田との一件のあと、どこかで親父さんにお会いしたんですよ。そのときに「俺はべつに気にしてないぞ」ってちょこっと言われて、最初は何のことかよくわかんなかったんですけど、ハッと気づいて「いや、すみませんでした」って謝ったこともありましたけどね（苦笑）。

――物議を醸した04年11月13日の大阪ドームについても伺わせてください。当初、あの大会で天山選手は川田利明選手の三冠ヘビー級王座に挑み、メインでは中邑選手が棚橋選手を迎撃するIWGP U－30王座戦が行なわれるはずでした。しかし、大会直前に猪木さんの強権発動で天山選手は棚橋選手とのタッグで、当時話題を集めていた『ハッスル』からの刺客として小川直也&川田組と対戦することになって。

天山　あれはもう、異常事態ですよね。元のカードを楽しみにチケットを買ってくれたお客さんに対する裏切り行為ですから。でも、選手としてはオーナーである猪木さんの出す課題というか試練に、しっかり答えを出さなきゃいけないわけで。あのとき、試合前の控室で本隊が作戦会議をしたんですよ。事前に小川選手が「新日本のリングでハッスルポーズをする」って宣言して、永田や成瀬（昌由）くんなんかが「それは阻止しないといけない！」ってムキになっていて。

――『ハッスル』はエンターテインメント色の強いイベントで、当時の新日本の選手の多くは拒否反応を示してましたよね。

天山　いまだから言えますけど、自分としては「べつにやりたきゃやらせとけばいいじゃん、そこまでムキにならなくても」とは思ってましたけどね。ただ、そんなこと言える雰囲気じゃなくて（笑）。でもまあ、『ハッスル』はそれこそ〝ひょうきんプロレス〟じゃないですけど、新日本とは別モノだと思ってましたよ。『ハッスル』仕様の小川選手には、プロレスラーとしての強さも怖さも感じなかったです。よっぽど川田さんのほうがえげつなかったですよ。川田さんとはシングルでも何度かやってますけど、毎回充実感がありましたね。

ダブル王座戦で歴史的敗北

――天山選手の紆余曲折のIWGPヘビー級王者時代の中でも、とくに大きな出来事といえば05年2月20日に両国国技館で行なわれた、三冠ヘビー級王者の小島選手とのダブルタイトルマッチだと思います。天山選手は60分時間切れ引き分けの残り15秒で脱水症状を起こし、まさかのKO負けを喫してしまいました。

天山　その話、やっぱりしなきゃいけないんですね（苦笑）。あの頃は両国を埋めるのもしんどい時代で、一種の起爆剤みたいな形でダブルタイトル戦が組まれたというか。その直前に川田選手とコジの三冠ヘビーの王座戦があって、勝ったほうと僕がやるってことで、その試合を会場まで観に行ったんですよ（2月16日・代々木国立競技場第二体育館）。正直、あのときのコジはまだ三冠を巻いたことがなかったんで、「勝つのは厳しいかもな」と思ってて。僕はその前年の12月に川田選手の三冠ヘビーに挑戦して負けてたんで、そのリベンジマッチになるって予想してたんです。

――当時の状況を整理すると、天山選手は04年の12月5日に全日本の両国大会で、川田選手の三冠ヘビーに挑むも敗北。続いて同年の12月11日、新日本の大阪府立体育館大会で小島選手と3年4カ月ぶりにシングルで激突し、30分時間切れ引き分けに。そして、その翌12日の愛知県体育館大会で、天山選手は健介さんを下して三度目のＩＷＧＰヘビー戴冠を成し遂げ、その初防衛戦がこの小島選手とのダブルタイトルマッチでした。

天山　結果的に僕とコジにしてみれば最高のお膳立てになって。30分時間切れ引き分けの決着戦でもあるし、前座でガンガンやりあった相手と、それぞれの団体の象徴を巻いて戦うっていうのは感慨深いものはありましたよ。でも、最後はああいうことになって……。あのときはファンにも叩かれたし、僕は謝罪会見まで開いてますから。浮気した芸能人じゃあるまいし（苦笑）。

――それだけあの敗北は衝撃的だったということですね。

天山　よく脱水で負けたって言われるんですけど、30分すぎたあたりでアゴにいいのが入って、ちょっと意識が飛んじゃってるんですよ。そこからは本能だったというか。あと、これは完全に言いわけなんですけど、あのとき凄くやりにくかったのが、レフェリーが全日本の和田京平さんで、コッチのちょっとしたラフ攻撃でも「やめろ！」って力尽くで阻止してきたんですよ。それでペースが狂わされたというか、ウチのレフェリーだったらまた違ってたのかなって。

――全日本の策略に負けたと言わんばかりですね（苦笑）。

天山　それ以降、和田さんのことはあんまり好きじゃないですね（笑）。あの試合後は気づいたら医務室のベッドだったんですよ。それで「アレ？　試合は⁉」って聞いたら、僕の負けだって言われて「ウワーッ！　どうしたらいいんや⁉」って錯乱して、周りに押さえつけられて。その日は両国にある病院で検査を受けて、そのまま泊まったんです。病室で蝶野さんに「オマエ、どうしたんだよ？」って言われても「本当に申しわけありません」って返すしかなくて、あのときは落ち込みましたねえ……。で、家に帰ったら帰ったで、嫁に、「アンタ、どうすんのよ、コレ？　よりによって小島さんに負けたんだよ⁉」「いや、もうしょうがないから……」「しょうがないじゃないでしょ！」って説教食らって（苦笑）。周りのレ

三冠ヘビー級王者の小島聡との史上初のダブルタイトルマッチでは、残り15秒で立ち上がることができず、至宝IWGPヘビーが全日本に流出する事態に。

歴史的敗戦から3カ月後、ドームの大舞台で小島聡にリベンジを果たすと共にIWGPヘビー奪還。

スラーは気遣ってくれても、身内にはズケズケ言われましたよ。

──一方の小島選手は歴史上、唯一のＩＷＧＰヘビー＆三冠ヘビー級のダブル王者となって。

天山　ホント、天と地の差ですよ。しかも一番負けたくない相手なんで「何やってんだ、俺は⁉」って。そのあと、東京ドーム（05年5月14日）でＩＷＧＰヘビーは取り返しましたけど、やっぱりインパクトで言ったら両国の負けのほうが大きかったですよね。

──そのときにテンコジ対決がドームのメインを飾ったことについて、感慨深さは？

天山　いや、そんな余裕はなかったですね。とにかく〝全日本プロレスの小島聡〟は敵でしかなかったし、あの直前には飯塚さんと（後藤）洋央紀、あとは付き人だったヨシタツ（山本尚史）と協栄ジムで打撃の特訓をして。「ここでまたやらかしたら、レスラーは続けられないな」っていう覚悟を持ってリングに上がりましたから。でも、ベルトを取り返したのにコレ、またすぐに落としてません？

──7月に藤田選手に奪われてますね（苦笑）。

天山　僕、なんか防衛ができないんですよねえ。ベルトを巻いた回数が多いって言っても、それだけ負けてるってことでもあるんで。きっと、ファンも「だらしねえな、それでもチャンピオンか？」って思ってた人が多かったんじゃないですかね。当時は観客動員も厳しかったし、アセりはありましたよ。本来はリング上に集中したいし、お客さんの目をコッチに向けたいと思っても、誰が会社を辞めたとか急にカードが変わったとか、試合以外のスキャンダラスな話題も多かったし。

――05年10月にはカンフル剤として、02年5月に新日本を退団していた長州さんが現場監督に復帰しますが、選手たちのあいだでは波紋を呼んだそうですね。

天山　反対派のほうが多かったと思いますよ。でも、会社が決定して。アレは忘れもしない大分（05年10月22日・別府ビーコンプラザ）ですよ。僕と蝶野さんが久しぶりに組んで、棚橋と真輔が持ってたIWGPタッグを狙うってアピールをしたら、いきなり退場口のところで長州さんが出てきて「調子のいいこと言ってんじゃねえぞ、テメー！」って蹴り入れられて（苦笑）。ホント、「何回、出戻ったら気が済むんだ？　デカいツラしやがって！」って思いましたもん。ファンの頃に憧れた選手でしたけど（笑）。会社も現状を何とかしようとして長州さんを復帰させたにしろ、これはさすがにないだろって感じでしたよ。結局、このときの〝長州体制〟もそう長くは続かなかったですよね。

悲運のヒールユニットG・B・H

――05年11月、株式会社ユークスが猪木さんから新日本プロレスの株式を取得し、新たな新日本のオーナーとなりました。その頃の新日本は倒産寸前だったというお話ですね。

天山　会社の中はグチャグチャで、それこそ選手の間でも「来月の給料、大丈夫かな？」「そろそろヤバいらしいぞ」って話題になってたくらいですからね。拾ってくれたユークスさんには感謝しかないですよ。最悪、もし新日本が潰れたらヨソでレスラーを続けるしかないのかなって思ってましたし。それこそ90年代後半に何度かＷＣＷに遠征に行った頃は、僕もまだ二十代で若かったし、アメリカンプロレスも好きだったんで漠然と「向こうでやるのもおもしろいかもな」って思った時期もありましたけどね。よく、家でＷＣＷとかＷＷＦ（現ＷＷＥ）の映像を観てると、嫁が「へえ、おもしろいね、コレ」って言ってたんですよ。珍しく意見が合うなと思って「もし、俺がアメリカに行くことになったら来るよね？」って聞いたら、「ハッ？　行くわけないじゃん」って言われましたけど（苦笑）。

――一刀両断だった、と（苦笑）。そして、ユークス体制として会社の改善が始まるも、06年には多くの選手たちが新日本を退団し、同年8月には『無我ワールド・プロレスリング』が旗揚げされます。

天山　そうだ、全日本のときみたいに、そこでも一応誘われたんですよ。というか、「このまま新日本にいても……」みたいな感じで、いろんな選手に声がかかったんじゃないかな。でも、好きで入った新日本だし、一回夜逃げしたのを山本小鉄さんに拾ってもらった恩もあったので、そのときは「潰れるまでは新日本でがんばるのが筋だ！」ってことで踏みとどまって。

――その思いが爆発したというか、天山選手はこの年の『G1』で三度目の優勝を果たします。ただ、出場選手が前年度の16人から一気に10人に減り、ここでも苦難が見えるというか。

天山　『G1』といえば両国の連戦ですけど、このときは最終戦の一大会のみで、しかも満員札止めにならなかったんですよ。それでも新日本の看板シリーズなんで全力を出し切って、優勝決定戦では全日本から参戦したコジを倒して。もともと、両国は苦手意識のある会場だったんですよね。でも、03年の『G1』の優勝決定戦で大きな天山コールをもらって初優勝してからは、逆に一番やりやすくなって。翌年、『G1』を連覇したときに、キャデラックで両国をパレードしたのも印象に残ってますよ。あれをやったのが草間さんの唯一の功績なんじゃないですかね（笑）。優勝後に「エッ、ホントにやるんですか？」って一瞬たじろぎましたけど、すっごい気持ちよかったなあ。なんか、菅林（直樹＝新日本プロレス会長）さんが前日にキャデラックを借りて運んだらしいですけど、傷つけないかビクビクしたって聞きましたよ（笑）。

――そんなエピソードもあったんですね（苦笑）。そして、同年10月に天山選手は自身がリーダーとなり、ヒールユニットのG・B・Hを結成しますが、これは団体内の活性化を狙っ

2004年に史上二人目の『G1』連覇を成し遂げた際には、キャデラックで優勝パレードが行なわれた。

たんですか?

天山　そうですね。やっぱり、プロレスっていうのは善と悪の対立構図が原点なんで、真壁（刀義）や矢野（通）、石井（智宏）とか当時の団体内で燻ってた連中を束ねて、暴れ回ってやろうと思ったんです。でも、ちょっと中途半端だったかなあ。僕は根本的にヒールが好きで、やり甲斐も感じてるんですけど、周りにはそう観てもらえないというか（苦笑）。

――どこか〝いい人〟オーラが抜けきれないところはあるかもしれませんね（苦笑）。ちなみにG・B・Hでヒールとして覚醒した真壁選手が以前、「俺が第三世代で認めてるのは天山広吉だけ」と発言されていたのですが、逆に天山選手は真壁選手のことをどうご覧になっていますか?

天山　いまでこそテレビに引っ張りだこで、世間に対する新日本の顔って言っていいくらいですけど、若手の頃は一部の先輩に虫ケラ扱いされてるのが、ユニットは違えどコッチの耳に入ってきてたんですよ。でも、辞めずにがんばってる姿を見ると「ガッツあるな」って思ってました。だから、最終的にG・B・Hで裏切られたときも、もちろん「ふざけんな、クソが！」って思いつつも、どこかで「ようやく雑草が花咲かせたな。辞めなくてよかったな」って気持ちになりましたよ。

――やっぱり天山選手はいい人ですね（笑）。

天山　いやいや（苦笑）。やっぱり、この世界は苦労してナンボなんですよ。苦労知らずで上がってきても、どこかで叩き潰されますから。「何クソ！」って気持ちで這い上がったレスラーだからこそ、お客さんも感情移入ができるっていうか。そうか、このG・B・Hのあたりからだんだん、僕もケガに泣かされるようになってきたんですよね。

――07年10月8日の両国大会では、同年8月に凱旋を果たした自身の元付き人である後藤選手と対戦し、変形ネックブリーカーで頸椎を負傷。約4カ月の欠場に追い込まれましたね。

天山　それもあって、その技を〝牛殺し〟って名付けやがってね。それもアイツはきっと悪気はないんですよ。ただ、僕が言うのもなんですけど天然なところがあって。付き人のときも、俺の靴ヒモをほどきながら急に「今日、何食べる？」って聞いてきて、「エエッ!?　いま、タメ口使ったやろ？」って言ったら「エッ？　使ってませんけど？」ってトボけた顔して（笑）。メキシコに修業行って、ゴツくなって帰ってくるのもアイツくらいなもんで「コイツの神経はどんだけ図太いんだ」って思いましたよ。オリジナルの技も多くて、プロレスのセンスはホントに凄いのに、IWGPヘビーまで到達しないのは天然のせいなのか、なんなのか（苦笑）。

――その後、08年には自身が追いやられたG・B・Hと抗争を繰り広げる天山選手を小島選手が加勢し、その年はテンコジタッグを復活させて『G1タッグリーグ』、そして全日本の『世界最強タッグ決定リーグ戦』を史上唯一、ダブルで制します。しかし、その直後に天山選手は網膜剥離と診断され、翌09年の1・4ドームでのIWGPタッグ王座戦を急遽欠場することになりました。

天山　あのときは真壁と矢野のベルトに、ダッドリーボーイズ（ブラザー・レイ&ブラザー・ディーボン）を含めた3WAYで挑戦するのが決まってたんですけど、右目の視界の上半分が突然、幕が下りたみたいに見えなくなったんですよ。それが12月30日のことで、慌てて病院に行ったら「これは明日にでも手術しないと」って診断され、「エエッ、大晦日に手術？年明けの4日にタイトルマッチがあるんですけど？」って聞いたら「試合なんかとんでもないです！」と言われて。多分、長年やり続けたダイビングヘッドバットの衝撃で、視神経に影響があったみたいで。コジには大一番を前に迷惑かけちゃいましたけど、ケガはこれだけじゃ終わらなかったんですよね……。

愛憎のテンコジ再始動

――天山選手は09年8月の『G1』開催中に首の状態が悪化し、脊椎管狭窄症および右肩亜脱臼による欠場が発表されました。結局、復帰までには約1年3カ月も要して。

2008年2月17日の両国ではG･B･Hメンバーの袋叩きに遭い、ユニット追放の憂き目に。

2008年はテンコジタッグを復活。『G1タッグ』では因縁の真壁刀義&矢野通組を下して優勝。

天山　ホントに災難続きで前厄と本厄って、おもいっきり食らいましたねえ。もともと、そういうのを気にするタイプなんで「もう、いまは何やってもダメなんやろうな」って、かなり気分は沈みましたよ。その『Ｇ１』直後の９月に首、11月に肩を手術したんですけど、首は場所が場所だけにメス入れたら現役生活を続けられるのか、かなり不安で。でも、いい先生に巡り合って「復帰できるようにがんばりますから」と言ってもらえたんで、手術に踏み切って。とはいえ、術後のリハビリはなかなか思うようにいかなくて、リング上では僕がいないのがあたりまえになってるわけですよ。一時期は本当、生きる気力をなくしかけたというか、ノイローゼ気味になって血迷ったことまで考えましたから。

――そこまで追い込まれたわけですね。

天山　でも、まだ子どもも小さかったし、食わせていくためには第二の人生として、それこそ「〝猛牛〟だから焼き肉屋かなあ？　でも、飲食も甘い世界じゃないし、またイチから勉強しないとな」って思いもしましたよ。ただ、やっぱりプロレスが好きでこの世界でがんばってきたんだから、「もう一花咲かせたい、子どもにも活躍する姿を見せないと」って。このときはさすがの嫁も心配してくれましたね……、いや、二言目には「いつ復帰すんの？」って言われてたか（苦笑）。

――尻を叩いてくれた、と（笑）。そして、10年11月18日の新木場１st ＲＩＮＧ大会で、アントーニオ本多選手を相手に涙の復帰を果たしました。

天山　あのときは「やっとリングに帰ってこれた！」と思ったら、試合後に涙が止まらなくて。とにかくリングに立ちたい一心で、会社には「復帰できるならどこでも構いません！」ってお願いしたら、まさかあんな小さい会場とは思わなかったですけど（笑）。でも、むしろ「よし、またイチからのスタートや！」って気合いも入って。所縁のない対戦相手でしたけど、〝アントン〟には感謝してます。

――この年の『G1』では、同年6月に全日本を退団した小島選手が、フリーとして初優勝を成し遂げています。

天山　そうだ、思い出した！　僕としては『G1』に合わせて早く復帰したかったんですよ。でも、出場できないと思ったら、その『G1』でコジがあれよあれよと優勝しやがって！

――テンコジストーリーの中でも、大きく明暗がわかれた時期というか。

天山　ホント、かたや『G1』優勝、コッチはケガで長期欠場ですからね。そもそも、コジが『G1』に出るかもしれないって聞いたときに「ウソだろ⁉　俺を出してよ！」って会社に執拗にお願いしたんですよ。でも「今年は大事を取って見送りましょう」となって……。というか、コジが全日本を辞めて新日本に上がるっていうのを、本人からは聞いてなかったんで、余計に「なんだよ、ソレ！」ってなって。アイツも言いづらかったのかも知れないけど、あのときは「はらわたが煮えくり返るっていうのは、こういうことだな」って思いましたよ（苦笑）。

——天山選手の入院中に小島選手はお見舞いには？

天山　来てくれたんですよ。そのときはうれしかったし、コッチも「俺も復帰してまた新日本のトップ目指すから、コジも全日本でがんばってな！」みたいな話をしてたくらいで。いま思うと僕の言葉をどんな気持ちで聞いてたんですかね？　その時点で全日本を辞めるのが決まってたかどうかは知らないけど、『G1』出場を聞いたときは「やっぱり、したたかなヤッちゃな〜」って思ったし、会社に対してもちょっと不信感が湧きましたよ（笑）。

——天山選手は復帰した直後の10年11月から小島選手をターゲットに定めますが、あのときは「アイツは信用できない」と発言されているように、かなり複雑な思いを抱えてたわけですね。

天山　複雑じゃなく、単純に「ふざけんな、コノヤロー！」ですよ。「出てったクセにノコノコ帰ってきて、コッチがドン底のときにおいしいところ持っていきやがって！」って。最初から「優勝してよかった〜、コジ〜」ってウェルカムなんて、そこまで頭もお花畑じゃないですよ。新日本に残った人間があれだけ叩かれて、会社も地に落ちて、でもそこから団体の看板を守り続けて。「それを辞めた人間がいまさら！」っていうのはありますよ。しかも、

2011年11月18日に長期欠場から念願の復帰。約1年3カ月ぶりのリングでアントーニオ本多に勝利すると感極まり号泣。

タッグ組んでた僕に報告しないって、おかしいでしょ？　僕の立場だったらどう思います？　なんか、当時を思い出すとコジの愚痴ばっかりになりますけど（苦笑）。

――その後、11年9月に小島選手は新日本に再入団し、天山選手と熾烈な抗争を繰り広げます。そして、小島選手が歩み寄る形でテンコジタッグの再結成に至りますが、あのときは戦いながら心境に変化が？

天山　わだかまりを持ってても、リングでぶつかり合うと多少なりとも解消されていく部分はあったんですよね。ずっと戦ってきた者同士しかわからない感情というか。あと、ファンからは「またテンコジが観たい」という声がけっこう届いてたんで、どこかで折り合いというか、ちょっと妥協というか（笑）。自分の気持ちだけじゃなく、プロとしてニーズも受け入れないといけないのかなという感じでしたね。

――その後、いまに至るまで10年近くタッグを組まれていますが、小島選手が新日本に再入団する以前と、何か変化を感じる部分はありますか？

天山　出戻ってきてからは、コッチへの接し方がかなり変わった気はしますね。僕が思わず「そこまで気を使わなくていいよ」っていうようなことが多々あって、小さいことでいえば「水、要りますか？」みたいな（笑）。逆に偉そうな態度だったら、僕も「コノヤロー！」ってなりますけど、コジはコジなりの引け目や後ろめたさを感じてるのか。試合でもコジに助けられる部分があるので、再結成してからはうまく続いてるし、これから先はもうケンカ別れすることもないんじゃないかって思います。やっぱり、互いを知り尽くしてる部分はあるので、昔取った杵柄じゃないですけど、タッグを組んでから「ああ、コレやな」ってすぐにガッチリとハマったんですよ。そこはお客さんが声援で乗せてくれたっていうのはあるし。

——その後はIWGPタッグ戦線で、さまざまなチームと抗争を繰り広げますが、印象的なチームは？

天山　矢野&飯塚組はちょっとほかのチームとは一味も二味も違いましたよ。矢野にベルトを盗まれたときは、僕らも『あぶない刑事』世代なんで〝テンコジ警察〟とか言って、わりとノリノリで（笑）。とは言え、あのチームには会見中とかサイン会とか徹底的に襲われましたからねえ。矢野に「テンコジ、略してバカヤロー！」とか言われて、「全然、略してないやん！」って思ったり（苦笑）。

——K・E・S（ランス・アーチャー&デイビーボーイ・スミスJr.）とも、かなりやり合いましたよね。

天山　K・E・Sは二人ともゴツくて動けるし、きつかったですねえ。僕は武者修行でカルガリーに行ったときに、まだ子どもだったスミスに会ってるんですよ。目がクリッとした少年に、あんなに試合で追い込まれることになるなんて思ってもみなかったです。テンコジの場合、僕が相手の攻撃を受け切って、最後にコジに託してラリアットで持っていくっていうパターンが多いんですよね。だから、K・E・Sと戦ったあとは控室でコジに「ちょっと、攻守のバランス、おかしない？」とか文句をブーブー言ってましたけどね（苦笑）。

橋本ジュニアと天山ジュニア

――天山選手のキャリアを振り返る上で橋本真也さんは欠かせないと思いますが、11年10月2日にZERO－ONE（橋本が01年3月2日に旗上げ）の靖国神社大会では息子の橋本大地選手と対戦しています。

天山　いやあ、あのときは胸にグッとくるものがありましたよ。自分が先に入場して、リング上で橋本さんの『爆勝宣言』が鳴ったときは、それだけでウルッて来て、大地がリングに向かってくるのを見て涙がチョヨチョぎれそうでしたよ（笑）。それでふっと気が抜けたのか、序盤に大地の蹴りのいいのが入ったときにクラッと来て「ヤベエヤベエ、感傷に浸ってる場合やない。KOされたらシャレにならん」って思って（苦笑）。デビュー間もないのに、やっぱりお父さんの遺伝子なのか、蹴りはいいのを持ってるなって感じましたね。

――橋本さんは05年7月に脳幹出血で急逝されましたが、第一報を聞いたときのことは覚え

11年10月には橋本真也が旗揚げしたZERO-ONEに初参戦。幼少期から知る大地に胸を貸した。

ていますか？

天山　会社の人から連絡をもらって、「エエッ⁉」って絶句しましたよ。橋本さんがコンディションが悪いっていうのは聞いてましたけど、まだ40歳でしたからね。僕の結婚式でビデオメッセージをもらって以降は会う機会もなかったので、唐突すぎたというか。僕にとっては若手時代から大きな存在だったし、ホントにショックは大きかったです。葬式のとき、蝶野さんも泣き崩れてましたからね。あのとき、大地はまだ中学生だったかな。

——大地選手とはお子さんの頃から接点が？

天山　僕が若手の頃、たまに橋本さんが大地を道場に連れてきて、遊んだこともありましたよ。もし、僕がもっと性格悪かったら「オマエのお父さんにこんなことされたんや！」って、大地に意地悪してたかもしれないですね（笑）。そういえば今年の1・4ドームのバックステージで、大地と久々に会ったんですよ。「大地、がんばってんの？」「はい、大日本プロレスでやらせてもらってます！」「そうなんや。ちょっと、ウチの息子が来てるから一緒に写真を撮ってよ」って頼んで。

——お子さんの雄大くんですよね。もう、天山選手よりも背が高いそうで。

天山　そうなんですよ。腰の位置なんか断然向こうが高くて、ホントふざけんなっていう（苦笑）。でも、橋本さんと僕の子ども同士がこんなに大きくなるなんて「時の流れは早いもんだなあ」ってあらためて思いましたね。

――雄大くんはプロレスに興味は？

天山　観るのは大好きなんですよ、とくにオカダ（・カズチカ）とか内藤（哲也）とか。どうも僕の試合はあんまり響かないみたいで、「パパ、もっとシングルのベルトを獲ったりできないの？」「何？　昔は巻いてたんだよ！」みたいな（苦笑）。ただ、最近は昔の試合映像も観るようになって「へえ、パパも昔は凄かったんだね」「そうなんだよ、いまも凄いけど」「いや、大したことないよね。もっとがんばらないと」なんてやりとりもありましたけど（笑）。もう、家では嫁共々ボロカスですからね。今年の沖縄大会（2月26日）のあと、新型コロナで以降の大会の中止が発表されたじゃないですか？　それで「しばらく試合がないんだ」って言ったら、息子は「じゃあ、ずっと沖縄にいればよかったじゃん」、すかさず嫁は「そうだよ、ずっと家にいるの？　現地で仕事探せばよかったのに」ですからね（苦笑）。

――母と子の連携攻撃ですね（苦笑）。お子さんは身体も大きいですし、将来プロレスラーを目指したりは？

天山　いや、痛いのが苦手みたいなんですよ。高校でアメフトをやってるから「ソッチだって痛いんじゃないの？」とは思うんですけど。身体が大きいのは武器なんで、もし「レスラーになりたい！」って言い出したら、べつに反対する気はないし、逆にちょっと期待してるんですけどね。ただ、嫁は子どもが小さい頃から「将来はレスラーに?」ってさんざん言われてウンザリしてるんで、嫌がるでしょうけどね。そのときから「ウチに二人もレスラーはいらないです!」ってキッパリ答えてましたから(笑)。

――お子さんは格闘技の経験は?

天山 坂口会長の坂口道場まで柔道を習いに行ってたこともあったんですけど、遠かったんで1カ月くらいで行かなくなっちゃって。でも、習い事だと水泳をけっこうがんばって、それで背が伸びたんじゃないかな。あと、嫁がピアノ教室にも通わせてたんですよ、「男の子で弾けたら格好いいから」って。最初、息子は嫌がってたんですけど、僕が(韓国ドラマの)『冬のソナタ』が好きだったんで、本人に「『冬ソナ』の曲をマスターしたら、辞めてもいいよ」って言ったら、すぐに弾けるようになって。結局、そのあともしばらく続けたのかな。まあ、ピアノが弾けるレスラーもおもしろいですけど、自分が好きな道に進んでほしいですね。僕もそうやって生きてきたんで。

『G1』出場権譲渡

――新日本は2012年1月より新たにブシロード体制となり、そこから見事なV字回復

すか？

を果たしましたが、90年代の黄金期を知る身として、この流れをどのようにご覧になってま

天山　まさにブシロード様様というか、いろんなメディア戦略でこうして新日本の盛り上がりを、また目の当たりにできるのはありがたいことですよ。リング上も昔に比べると、いまのほうが第1試合からメインまで、その背景含めて観る側に伝わりやすくなってると思います。昔はほかのレスラーを押しのけてでも上にいこうっていうギラついた部分が、ある種の新日本らしさだったと思いますけど、いまは選手それぞれに「新日本全体を上げよう」っていう意識が強いんじゃないですかね。90～00年代くらいは絶対に相容れない関係の選手同士や、「アイツはちょっと……」っていう浮いてる選手がいたもんですけど、いまは特にないと思うし。僕らの世代としては古い価値観を持ちつつ、新しい若い選手に負けないような存在感を見せないといけないいなって思いますよ。

――第三世代は16年2月に決起を宣言しますが、当時NEVER無差別級王者だった柴田勝頼選手が「ケツの青い先輩が何か言ってる」と一蹴し、抗争が勃発しました。天山選手は同年の4月10日両国大会で柴田選手のベルトに挑戦しましたね。

天山　僕らもキャリアを重ねるごとにチャンスはだいぶ減ってきましたけど、「ここでいかなきゃ！」っていうのはありましたよ。柴田は新・闘魂三銃士の中で一番新日本らしさを感

じさせるというか、あのときも鼓膜を破られたけど「これが戦いだよな」って充実感が残って。負けはしましたけど、自分はいつでもチャンスさえあればドンドン前に出たいし、実力で周囲を納得させてみせるっていう思いを常に持ってますから。いまはコンディションが一番の敵じゃないですけど、自分自身に打ち勝ってアピールしていきたいですね。

――アピールという部分では、同じ16年の『G1』の出場権を、天山選手が小島選手から譲渡されたのも話題を呼びました。

天山　話題というか、あれは賛否両論だったみたいですけどね（苦笑）。「出場権の譲渡ってなんなんだ？」っていう。いずれ自分が『G1』に出られなくなるときが来ることを頭ではわかっていても、いざそういう状況になったときに「ウソだろ？　なんで名前が入ってないんだ⁉」って、ショックを通り越したというか、最初は何かの間違いかと思ったんですよ。しかもコジと永田はエントリーされてたんで。新日本のレスラーは『G1』に合わせて一年間をがんばってきてると言っても過言じゃないし、僕にとっても思い入れの大きい大会ですからね。

――たしかに天山選手は『G1』最多出場21回（20年時点）、優勝回数3回も歴代二位タイの記録を誇ります。

天山　この年齢で連続出場が途切れたらまた復活できる保証はないし、あのときは自分の存

小島聡から『G1』出場権を譲渡されると「コジのぶんまでがんばるわ！」とガッチリと握手。

在証明のためにもなりふり構っていられないというか、「ギリギリまで出場をアピールしてやる！」って思いましたね。そうしたら、最終的にコジがその気持ちに応えてくれたっていう……。逆の立場で考えたら、『G1』の出場権を人に譲るなんてできないですよ。それをコジが、僕のために投げ打ってくれたわけで。あの瞬間、タッグを組みながらもコジに対してどこかに残ってたわだかまりが、スーッと解消されたというか（笑）。ただただ、相棒に感謝でしたね。

――「コジが自分に気を使うようになった」とおしゃっていましたが、これに優るケアもないのでは？

天山　ホント、そうですよ。コジだけじゃなく、コジの大切なファンの思いも背負って戦わないとって思いましたね。コジは『G1』の公式戦も全部、セコンドに付いてくれて。札幌の開幕戦で、コジの魂が乗り移ったじゃないですけど石井にラリアットを食らわせて、最後はムーンサルトで勝ったら会場が天山コールに包まれたのは忘れられないです。優勝はできなかったですけど、自分にとって特別な『G1』になりました。そうか、『G1』は21回も出てるんですね。ホント、『G1』は過酷な戦いで、公式戦の途中で欠場になったこともありましたから。

――13年の内藤戦で肋骨を骨折したときですね。そのほか、アクシデントとしては15年の『G

1』の矢野戦で、天山選手のダイビングヘッドバットで双方とも大流血に見舞われたこともありました。

天山　いつもは相手の肩にヘッドバットを決めるんですけど、あのときは空中でバランスを崩して矢野の額に命中してしまって。その瞬間に下から「ウオーッ！」って悲鳴に近い声が聞こえて、互いにパックリ割れちゃって。相手をケガさせたのは自分としても不甲斐なかったですね。あとはダイビングヘッドをやろうとして、シューズのヒモがコーナーに引っかかって宙吊りになったこともあったし。

――97年の『G1』の橋本戦ですね。『G1』関連では、15年にロス・インゴベルナブレスに加入した直後の内藤選手との遺恨も注目を集めました。内藤選手の「天山はもう終わってる」という挑発を受け、怒り心頭の天山選手が公式戦で意地の勝利を収めて。

天山　なんか、たまたま内藤のインタビューで「天山は終わった人間、いつまで『G1』に出てるんだ？」みたいなことが書いてあるのを見て、「ハァッ⁉」ってマジで殺意を覚えたんですよ。「言っていいことと悪いことがあんだろ、いい加減にしとけよ！」って感じで。冷静に考えれば、そうやって後輩が先輩に噛みつくのは、自分もさんざんやってきたことなんですけど、その瞬間は「老いぼれ扱いすんじゃねえぞ、小僧！」って。

――史上初のＩＷＧＰヘビー＆ＩＷＧＰインターコンチネンタル王者となった内藤選手は、

若手時代に天山選手の付き人をされてたんですよね。内藤選手は身近で見た天山選手について「基本は優しいけど、瞬間湯沸かし器みたいなところがある」と発言されていました。

天山　じゃあ、あの挑発も内藤の手のひらの上だったたんですかね（苦笑）。付き人をやってた頃の内藤は「ホントにプロレス少年なんだな」っていうのが伝わってきたし、練習もソツなくこなして素質を感じさせましたよ。とくに足腰がしっかりして、跳躍力があって。とはいえ、ここまで大きな存在になるとは思わなかったですけど。歴代の付き人でいうと、ヨシタツとか洋央紀なんかは天然でしたけど、内藤はちゃんとやってくれてましたね。当時、アイツに悪いなと思ったのが、僕のバッグの取っ手が壊れてたのをそのままにしてたんで、運ぶのに両腕で抱えないといけなかったんですよ。だから、重くて面倒臭かった恨みが、あのときの「終わってる」発言につながってるのかも（苦笑）。

――現ＩＷＧＰジュニアヘビー級王者の高橋ヒロム選手も、天山選手の付き人だったとか？

天山　ヒロムは内藤のあとで、仕事ぶりを見てて「あ、コイツが一番いいな」って思いましたよ。ヒロムに「明日から海外修行に行ってきます」って挨拶されたときに「そうか、空港には一人で行くの？　じゃあ、送っていってやるよ」って成田まで車に乗せていったほど、付き人としてよくやってくれましたね。まさか、いまみたいな個性というか、ああいう姿になって活躍するとはちょっと想像できなかったですけどね。なんだろ、天山の付き人は出世するんですかね（笑）。

50代の〝猛牛〟

――18年の7月からは第三世代の面々が、一般の方々のトレーニングコーチを務める『The Third Generation Club』（TTGC）がスタートしましたが、どのような心持ちで取り組まれていますか？

天山　いま、新日本は層が厚いですから、多くの選手が全大会に出場するのが難しい中で、第三世代に与えられた仕事という部分でやりがいを感じてますよ。会員さんが成長している姿を見ると、やっぱりうれしいですから。もしかしたらTTGCから新日本でデビューするプロレスラーが誕生するかもしれない。そんな期待はしてますね。

――第三世代のみなさんの指導風景をそれぞれ見させていただいたんですが、天山選手は会員さんと同じメニューをガッチリこなされていたのが印象的でした。

天山　永田たちに聞いたら「指導する側なのに一緒にやってんの？」って言われて、「エッ、やらんでもええの？」ってなりましたけど（苦笑）。口だけじゃなくて、みんなと一緒に汗をかきたいっていうのがあるんですよ。べつにほかの第三世代が楽をしてるって言いたいわ

TTGCではプッシュアップやスクワットなど、古くから伝わるプロレス式のトレーニングを指導。会員と共に汗をかきながら、笑顔でコミュニケーションを取る。

けじゃなく（笑）。TTGCは4人それぞれ、メニューが違うんですけど、僕の場合は大剛さんに習ったプロレス流の基礎体力トレーニングを教えてます。

――第三世代がリング上以外でも役割を果たす中、その一角であった中西さんが1月7日引退を発表し、2月22日の後楽園大会で現役生活にピリオドを打ちました。同世代の仲間がリングを去ることに、いろいろな思いがあったのでは？

天山　やっぱりショックでしたし、寂しい気持ちになりましたよ。引退発表後、コジと永田はアメリカ遠征があったんで、僕がニシオくんと二人で組む機会が多かったんですけど、最後の花道としてガッチリとサポートしないとって。その中で自分も久しぶりにムーンサルトを出しましたけど、ちょうど一年前の飯塚さんの引退試合以来だったんですよね。あのムーンサルトは自分で自分のケツを叩くじゃないけど「まだまだできるんだ」っていうのをファンに見せたかったし、ニシオくんは引退するけど第三世代は健在だっていうメッセージというか。

――これまでの中西さんとの試合で印象深いものは？

天山　僕の凱旋帰国試合と、あとはコッチが鼻を折られた試合かな。蝶天タッグと中西&西村組のIWGPタッグ王座戦で60分時間切れ引き分けになったことがあるんですよ（02年6月5日・大阪府立体育会館）。そのとき、40分過ぎぐらいに自分が突っ込んでいったら、ニシオくんの出合い頭のジャンピングニーがもろに鼻っ柱に入っちゃって。コッチが「テメー、コノヤロー！」ってブチ切れたら、気弱なニシオくんが一瞬「どうしよう⁉」みたいな顔になったのを覚えてますよ（笑）。で、バコバコやり返したら、タッチした西村さんは冷徹な人なんでコッチの鼻ばっかり攻めてきて（苦笑）。

――中西さん本人は天山選手との試合で印象的なのは、01年の『G1』公式戦だとおっしゃっていました。

天山　ああ、コッチのムーンサルトをニシオくんが空中でキャッチしたやつだ。ありえないですよね、120kgが勢いつけて飛んできたのを受け止めるって。やっぱり、首をケガする前のニシオくんは規格外でしたよ。いろんな意味で、やりたくなかったですもん。「また今日、ニシオかあ！　コジ、がんばれ！」みたいな（笑）。そのくらい、手に負えなかったですよ。

――引退ロードでの中西さんの最後の暴れっぷりも豪快でしたね。

天山　ホント、「そんな体力あって、なんで辞めんだよ！」っていう感じで。でも、そういう戦いができるうちに幕を引くっていうのと、本人的には首のケガで思うようにいかなくなった部分とか、いろいろ考えた上での決断だったんでしょうね。自分の場合は「全身ボロボロで、リングに上がれないくらいになったときが引退だ」っていう考えなんですよ。まあ、こればかりは自分の考えだけで決められることじゃないですけど。

――天山選手が中西さんの引退セレモニーで、「いつもニシオ君にダメ出しばっかりしてたけど、やっと力ついてきたなと思ってたけどやめるんやった。ショックやわ」と赤裸々なメッセージを送ったのが、お二人の関係性が垣間見えたというか（笑）。

天山　ハッハッハ！　いや、ニシオくんって、普段から気づくとコッチのことを見てたんですよ。トレーニングでも試合でも、なんか視線を感じて。どういうことかっていうと、僕も一応先輩なんで、ニシオくんに対しては「こうしたほうがいいんじゃないの？」ってアドバイスを送っていて。彼も「わかりました」って聞いてくれてたんですけど、いつコッチに何を言われるのか、それが気になって見つめてたんじゃないかな（笑）。

――天山選手から何か学び取ろうという眼差しだったかも知れないですね（笑）。

天山　まあ、ここ数年の第三世代は組んだり戦ったりしてましたけど、試合が終わったあとは興奮もあってか、ニシオくんに「オイ、ふざけんなよ！　なんだよ、アレ？」とかボロカスに言うこともあったんですよ。それでも彼は「わかりました、すみません」って素直に返してくれて。コッチもいいときは「アレ、よかったじゃん、ニシオくん！」って褒めるし、悪かったときは注意するっていう関係性だったんですけど、あのセレモニーのメッセージだけ聞くと、ファンは「いきなり、なんのことだ？」って思ったかもしれないですね（笑）。

――でも、あのメッセージはお二人の信頼関係があってこそというか。

中西学の引退セレモニーでは「これからも長い人生、がんばってください。ありがとう！」とメッセージ。

天山　もちろん、ニシオくんのことをどうでもいいと思ったら何も言わないけど、少しでもよくなってほしいし、ヤングライオンの頃から「同じ京都出身だし、がんばろう！」って言ってきた仲間ですからね。ニシオくんが首のケガ以降、自分の身体をコントロールできなかった部分があるのはわかるんですよ。わかってるんですけど、言いたくなるというか、本人が自分自身に歯がゆさを感じるのも伝わってきたんで、発破をかける意味でも声は掛け続けてきましたね。でも、最後の最後に「やっと力ついてきた」って、どんだけ上から目線なんだって感じですね（笑）。まあでも、デビューからずっと見続けてきた男が、紆余曲折ありながら本当によくがんばってきたなって思いますよ。

――仲間の引退を見届けたわけですが、ご自分は今後、どのようなレスラー人生を歩みたいと思いますか？

天山　もう来年で30周年ですけど、40周年、50周年を目指す気持ちで、まだまだ現役としてリングに上がり続けたいし、レスラーならベルトっていうのが常に目標なので。そのためにも自分でチャンスをつかみとらないといけないし。いま、僕は49で、これから50代に突入しますけど、若い世代ともバリバリ戦っていきたいっていう気持ちは強いです。

――天山選手はこれまでの実績で言えば、新日本随一の記録をお持ちです。ＩＷＧＰタッグ通算12度の戴冠も歴代最多ですし。

天山　記録は残しても、みんなの記憶に残ってるか不安ですけど（苦笑）。まあ、第三世代で一番キャリアの浅いニシオくんが最初に引退するとは思わなかったですけど、まだ俺たちの灯を消すわけにはいかないんで。あとはリング外でいうと、ＴＴＧＣで人に教える中で自分自身も学ぶ部分があるというか、後進の育成にも興味も湧いてきましたね。

――天山選手は中西さんを叱咤激励して、あそこまで育て上げたわけですし（笑）。

天山　ハッハッハ！　いや、ニシオくんはもう少し育てたかったですけど（笑）。いまの新日本は海外にも道場を作ってますし、新日本一筋で身につけたイズムっていうものを、国内外問わず伝えていきたいですね。きっと、嫁も「海外？　もう、何年でも行ってらっしゃい！」って言うと思うんで（苦笑）。

	7月20日◆北海道立総合体育センターで小島と共に中西&永田組を下してIWGPタッグ戴冠。
	10月9日◆東京ドームで小島と共に中西&永田組を下してIWGPタッグ防衛。
	12月◆プロレス大賞で小島と共に最優秀タッグチーム賞を授賞。
2001（平成13年）	2月4日◆北海道立で中西&西村修組を下してIWGPタッグ防衛。
	6月29日◆後楽園で中西&吉江豊組を下してIWGPタッグ防衛。
	9月23日◆なみはやドームで藤波&西村組に敗れIWGPタッグ陥落。
	12月11日◆大阪府立で小島と共に『G1タッグリーグ戦』優勝。
2002（平成14年）	1月24日◆1月末で新日本退団が決まった小島と共に"テンコジラストマッチ"で健介&西村組に勝利。
	3月21日◆東京体育館で安田忠夫のIWGPヘビーに挑むも敗北。
	3月24日◆尼崎で蝶野と共にIWGPタッグ王座決定トーナメント決勝で中西&永田組を下して王座戴冠。
	6月5日◆大阪府立で中西&西村組を下してIWGPタッグ防衛。
2003（平成15年）	1月4日◆東京ドームで一年ぶりにテンコジタッグを結成し、蝶野&中西組に勝利。
	6月10日◆大阪府立で髙山善廣のIWGPヘビーに挑戦するも敗北。
	6月13日◆武道館で吉江&棚橋組に敗れIWGPタッグ陥落。
	8月17日◆両国国技館で秋山準を下して『G1』初優勝。
	10月30日◆後楽園で西村と共に髙山&TOA組を下して『G1タッグ』優勝。
	11月3日◆横浜アリーナで髙山を下してIWGPヘビー初戴冠。
	12月9日◆大阪府立で中邑真輔に敗れIWGPヘビー陥落。
	12月14日◆名古屋レインボーホールで西村と共に吉江 &棚橋組を下してIWGPタッグ戴冠。
2004（平成16年）	2月1日◆北海道立で髙山&鈴木みのる組に敗れIWGPタッグ陥落。
	2月15日◆両国でIWGPヘビー級王座決定トーナメント決勝で天龍を下し王座戴冠。
	3月12日◆国立代々木競技場で健介に敗れIWGPヘビー陥落。
	8月15日◆両国で棚橋を下して史上二人目の『G1』二連覇。
	11月13日◆大阪ドームで棚橋と共に"『ハッスル』の刺客"小川直也&川田利明組を迎撃するも敗北。
	12月11日◆大阪府立で小島 と3年4カ月ぶりのシングルは30分時間切れ引き分け。

HISTORY OF HIROYOSHI TENZAN

1991（平成3年）	1月11日◆今治市公会堂の松田納戦でデビュー。
1993（平成5年）	3月23日◆東京体育館で西村修を下して『ヤングライオン杯』優勝。
	6月◆ヨーロッパ武者修行に出発。
1995（平成7年）	1月4日◆東京ドームの凱旋帰国試合で中西学に勝利。
	2月4日◆札幌中島体育センターでIWGPヘビーに初挑戦するも、王者・橋本真也に敗北。
	2月12日◆後楽園ホールで蝶野正洋と結託し、狼群団として始動。
	6月12日◆大阪府立体育会館で蝶野と共に橋本&平田淳嗣組を下してIWGPタッグ初戴冠。その後、初防衛戦を蝶野がキャンセルし、王座返上。
	6月14日◆日本武道館で武藤敬司のIWGPヘビーに挑むも敗北。
	8月11日◆両国国技館で開幕した『G1 CLIMAX』に初出場。
	10月30日◆広島グリーンアリーナで蝶野と共に山崎一夫&木戸修組を下して『SGタッグリーグ戦』優勝。
	12月◆プロレス大賞授賞式で蝶野と共に最優秀タッグチーム賞を授賞。
1996（平成8年）	7月16日◆札幌中島で蝶野と共に山崎&飯塚高史組を下してIWGPタッグ戴冠。
1997（平成9年）	1月4日◆東京ドームで藤波辰爾&木村健悟組に敗れIWGPタッグ陥落。
	5月3日◆大阪ドームでnWo JAPANに正式加入。
	8月3日◆両国で『G1』決勝（トーナメント）へ初進出するも、佐々木健介に敗れ準優勝。
1998（平成10年）	6月5日◆武道館で蝶野と共にIWGPタッグ王座決定トーナメント決勝で天龍源一郎&越中詩郎組を下して王座戴冠。
	7月14日◆札幌中島で藤波のIWGPヘビーに挑むも敗北。
	7月15日◆札幌中島で天龍&越中組に敗れIWGPタッグ陥落。
1999（平成11年）	1月4日◆東京ドームで小島聡と共に天龍&越中組を下してIWGPタッグ戴冠。
	2月5日◆札幌中島で中西&永田裕志組を下してIWGPタッグ防衛。
	3月22日◆尼崎市記念公園総合体育館で健介&越中組に敗れIWGPタッグ陥落。
	12月5日◆愛知県体育館で小島と共に中西&永田組のIWGPタッグに挑むも敗北。
2000（平成12年）	2月8日◆函館市民体育館で小島と共にTEAM2000に合流。

2011(平成23年)	8月14日◆両国の『G1』公式戦で、小島に勝利。以降、新日本に再入団した小島と抗争を繰り広げたのち、テンコジタッグを復活。
	10月3日◆後楽園での自身のデビュー20周年記念興行で蝶野&ヒロ斎藤と狼群団を復活させ、西村&金本浩二&大谷晋二郎組に勝利。
2012(平成24年)	1月4日◆東京ドームでジャイアント・バーナード&カール・アンダーソン組を下し、約10年ぶりにテンコジタッグとしてIWGPタッグ戴冠。
	5月3日◆福岡国際センターで矢野&飯塚組に敗れIWGPタッグ陥落。
	7月22日◆山形市総合スポーツセンターで矢野&飯塚組を下してIWGPタッグ戴冠。
	10月8日◆両国でランス・アーチャー&デイビーボーイ・スミスJr.組に敗れIWGPタッグ陥落。
2013(平成25年)	5月3日◆福岡国際センターで小島と共にIWGPタッグ4WAYマッチを制し王座戴冠。
	11月9日◆大阪府立でIWGPタッグを賭け、NWA世界タッグ王者のアーチャー&スミスJr.組、ロブ・コンウェイ&ジャックス・ダン組とのダブル選手権試合変則3WAYマッチに臨むも王座陥落。
2014(平成26年)	4月6日◆両国で小島と共にコンウェイ&ダン組を下してNWA世界タッグ戴冠。
	9月23日◆コンベックス岡山で永田&中西組を下してNWAタッグ防衛。
	10月13日◆両国でアーチャー&スミスJr.組に敗れNWAタッグ陥落。
2015(平成27年)	2月14日◆仙台サンプラザホールでコンウェイを下してNWA世界ヘビー級王座戴冠。
	3月21日◆名古屋国際会議場イベントホールで小島を下してNWA世界ヘビー防衛。
	8月29日◆テキサス州サンアントニオでダンに敗れNWAヘビー陥落。
2016(平成28年)	4月10日◆両国で柴田勝頼のNEVER無差別級王座に挑むも敗北。
	7月3日◆岩手産業文化センターで、小島から『G1』出場権を譲り受け、7月18日から開幕した『G1』に最後の出陣。2020年時点で『G1』最多出場21回を記録する。
2017(平成29年)	3月6日◆大田区総合体育館で小島と共に矢野&石井組を下してIWGPタッグ戴冠。
	4月9日◆両国でレイモンド・ロウ&ハンソン組に敗れIWGPタッグ陥落。
2020(令和2年)	1月4日◆東京ドームで小島と共に永田&中西組に勝利。第三世代による最後のタッグ対決に。
	2月22日◆後楽園の中西学引退試合で、永田&小島&中西と組みオカダ&棚橋&後藤&飯伏幸太組と対戦。

	12月12日◆愛知で健介を下しIWGPヘビー戴冠。
	12月◆プロレス大賞で敢闘賞を授賞。
2005（平成17年）	1月30日◆月寒グリーンドームで永田と共に棚橋&中邑組のIWGPタッグに挑むも敗北。
	2月20日◆両国でIWGPヘビーを賭け、三冠ヘビー級王者の小島と史上初のダブルタイトルマッチに臨むも敗北。
	5月14日◆東京ドームで小島を下してIWGPヘビー戴冠。
	7月18日◆月寒で藤田和之に敗れIWGPヘビー陥落。
	10月30日◆神戸ワールド記念ホールで蝶野と共に棚橋&中邑組を下してIWGPタッグ戴冠。
2006（平成18年）	8月13日◆両国で小島を下して『G1』三度目の優勝。史上二人目の全勝優勝達成。
	10月9日◆両国で棚橋のIWGPヘビーに挑むも敗北。
	10月◆真壁刀義、越中、矢野通、石井智宏と共にG･B･H結成。
	12月2日◆全日本プロレスの浜松市体育館で小島と共に諏訪魔&RO'Z組を下して『世界最強タッグ』優勝。
2007（平成19年）	1月4日◆東京ドームで小島と共に武藤&蝶野組に敗北。
	10月8日◆両国で後藤洋央紀に敗退。以降、頚椎損傷で長期欠場に。
2008（平成20年）	2月17日◆両国で復帰するも、G･B･Hから追放される。
	4月27日◆大阪府立で飯塚高史と共に真壁&矢野組のIWGPタッグに挑むも、試合中に飯塚の裏切りに遭い敗北。
	7月8日◆後楽園で飯塚に勝利。試合後、G･B･Hに袋叩きにされるも小島が救出。
	11月5日◆新日本の後楽園で小島と共に真壁&矢野組を下して『G1タッグ』優勝。
	12月8日◆広島サンプラザホールで小島と共に諏訪魔&近藤修司組を下して『世界最強タッグ』優勝。
	12月29日◆網膜剥離で長期欠場に。
2009（平成21年）	5月6日◆プロレスリング・ノアの武道館に岡田かずちか（現オカダ・カズチカ）と参戦するも、小橋建太&伊藤旭彦組に敗北。
	8月13日◆愛知での『G1』公式戦のあと、首と肩のケガで長期欠場に。
2010（平成22年）	11月18日◆新木場1st RINGで約1年3カ月ぶりに復帰し、アントーニオ本多に勝利。

剛腕!!

小島聡

SATOSHI KOJIMA

小島聡

SATOSHI KOJIMA

1970年9月14日、東京都江東区出身。サラリーマン生活を経て、91年2月に新日本プロレス入門。同年7月16日、北海道帯広市総合体育館での山本広吉（現・天山広吉）戦でデビュー。94年3月に『ヤングライオン杯』優勝を果たす。02年2月に全日本プロレスに移籍。05年2月20日に天山を下し、史上唯一の三冠ヘビー&IWGPヘビーのダブル王者に君臨。11年9月に新日本に再入団。得意技はラリアット、コジコジカッター。183cm、108kg。

若手時代から明るいキャラ、がむしゃらなファイトでリングを盛り上げてきた小島。90年代後半から天山広吉とのタッグで人気を博すも、2002年に衝撃の退団。そして、新天地の全日本プロレスでレスラーとしての幅を広げると、11年9月に新日本に再入団を果たした。他の第三世代とは異なる道を歩んだ男が語る、〝故郷〟新日本プロレスとは？

失恋から〝脱サラ〟レスラー

――小島選手はサラリーマン経験をお持ちなのが、ほかの新日本所属のレスラーと比べて異色というか。

小島　本当は高校を卒業してすぐにレスラーになりたかったんですけど、就職活動か進学かってなったときに、親に「レスラーになりたい」って相談したら「絶対にムリだ。オマエには務まる世界じゃない」って言われちゃったんです。あとは学校の先生にもチラっと言ってみたんですけど、「厳しい世界だから小島には務まらないだろ」ってダメ出しを食らって。当時の私はそういう周囲の反対を逆にエネルギーに変えるパワーがないというか、もの凄く人に流されるタイプだったんで「そうですよね～」みたいな感じですぐあきらめてしまい、就活してサラリーマンになったんです。

――就職先はガス機器の製造販売などを行なっている会社だったそうですね。

小島　はい、ガス器具の点検や調整をしてました。で、訪問先の奥さんに「そんな若くて大丈夫なの？　偉い人呼んできなさいよ」みたいな感じで言われたり（苦笑）。ガスって怖いものだし、いつもオドオドしながら仕事してたんで、きっとそれが伝わったんでしょうね。

――そこから〝脱サラ〟してレスラーを目指したきっかけは、失恋だったんだとか？

小島　そうなんです。当時の彼女とは、高三のときにバイト先のファミレスで知り合って。でも、私がヤキモチ焼きで束縛しすぎたのか結局はフラれてしまい、心にポッカリ穴が空いて仕事以外はポケ～っとするようになってしまって。それで「ヤバイ、こんな生活してたらダメになる！　とりあえず身体を動かそう！」と思ったんです。最初は失恋の痛手を癒す、自分を変えるためのきっかけ作りだったというか。それでプロレス好きだったので、実家から近かったアニマル浜口ジムに通うことに決めたんですけど、初めて浜口さんを見たときに身体中に電流が走ってしまい（笑）。上背だけだと私のほうが浜口さんより大きいのに、身体の横幅や全体から発してるオーラが、凄く光り輝いて見えたんですよね。当時、浜口さんは一度引退されてたんですけど、その頃にスランプ気味だった長州（力）さんに檄を飛ばすため、現役復帰した時期だったんですね。確か、初めてジムに行った前日に、浜口さんは横浜アリーナ大会のメインに出てるんですよ。

――アントニオ猪木さんの30周年記念興行ですね。浜口さんがビッグバン・ベイダーと組んで、猪木&タイガー・ジェット・シン組と対戦して。

小島　それで浜口さんに「今日は見学ですか?」って聞かれたときに、条件反射的に「僕、プロレスラーになりたいんです!」って即答しちゃったんですよ。全然、そんなつもりで見学に行ったわけじゃなかったのに(笑)。それでジムに入った2ヶ月後に新日本の入門テストがあったんですけど、そのときは「次の年に受けられればいいかな」と思って見送ったんですよ。そうしたら浜口さんが話をつけてくださって、わざわざ馳(浩)さんがジムまでいらっしゃって個人的に試験を受けることになって。きっと馳さんは「まあ、こんなもんか」って感じだったと思うんですけど、当時は若手が少なかったからか、運よく入ることができて。その次の年だったらダメだったかも知れないですよね。中西(学)さんとか永田(裕志)さん、大谷(晋二郎)くんとかメンツも多かったんで。試験に合格したあと、新日本の会社で長州(力)さんと山本小鉄さんと面接があったんですけど、その時に小鉄さんに「アピールすることはあるか?」って聞かれて「ベンチで140kg挙げれます!」って偉そうに言ったら「バカヤロー! そんなの準備運動だ!」って、叱られたのを覚えてます(苦笑)。

――そして、小島選手は91年2月に入門を果たします。

小島　一緒に入った新弟子が7人いたんですけど、そのときに強烈に覚えてるのが、馳さんの変貌ぶりなんですよ。浜口ジムに試験で来たときは、ニコニコして優しかったんですけど、入門日には鬼のような形相で。「今回はこれだけ入門したけど、最終的に3人くらいにするからな」って言われたんです。その瞬間に「……え？」って感じでビビっちゃって（苦笑）。でも、3人どころか、練習中についていけなくて佐々木健介さんに「出てけ！」って追い出される人や、夜中に荷物まとめてコッソリ出ていく人とか、一日一人ずつ減ってくみたいな感じで、あっという間に私一人になっちゃって。我ながら「よく残ったな」って思います。当時は寮長が飯塚（高史）さんで、先輩に小原（道由）さん、天山（広吉）さん、西村（修）さん、金本（浩二）さんがいたんですけど、その中では天山さんが一番優しくしてくれましたね。まあ、「コイツに辞められたら雑用が増えるから困る」っていうのも若干あったかなとは思うんですけど（笑）。

――天山選手は小原さんの矛先が小島選手に変わって助かったそうです（苦笑）。

小島　ハハハハ（苦笑）。小原さんは国士舘の柔道部出身で上下関係に凄く厳しかったんで、私は怒られた記憶しかないです（笑）。その度に「なんでこんなことで怒るんだろ？　理不尽だな」って思ったり、練習中も厳しくされたりしましたけど、いま思えば先輩後輩のしきたりとしてアリだったのかなとは思いますね。小原さんは「浜口さんの顔を潰しちゃいけない」っていうのもあって、私に対して余計に厳しかったんだと思います。

――社会人経験のある小島選手からすれば、プロレスは異質な世界だったのでは？

小島　まあ、何かとカルチャーショックはありましたね（苦笑）。とはいえ、先輩からの雑用に関しては、私よりも天山さんや西村さんが頼まれるほうが圧倒的に多かったんですよ。コッチは「助かったな」と思いつつ、「必要とされない自分が不甲斐ないな」って。

――新弟子時代の天山選手といえば、さまざまな伝説がありますが、小島選手も目の当たりに？

小島　いや、天山さんがドジなことをしてたのって、だいたい私が入る前なんですよ。それまでの間に教育というか、調教されて（笑）。あ、でも一つ、「これか～」っていう面白いことがありましたね。当時、天山さんが乗ってたボロボロの中古車で一緒に出かけたことがあったんですけど、途中で雨が降ってきたんです。そうしたらワイパーが壊れてるからって、天山さんが窓から自分の手を出して雨を払い出して（笑）。あと、その車はクラクションも鳴らなかったので、天山さんが窓から顔を出して自分の声で「ブッブーー！」って叫ぶのを見て「ああ、ムチャクチャだな、この人」って（笑）。

――さすがですね（笑）。あと、当時のコーチだった健介さんについて伺いたいのですが、かなり厳しく追い込まれたそうですね。

小島　いまのバラエティ番組で見る姿からはちょっと想像できないというか（苦笑）。私は初めて健介さんに呼ばれたときの一言が忘れられないんですよ、「オイ、貴様！」っていう（笑）。とにかく健介さんは、いつも新弟子に対して「練習やらねえ人間はレスラーになれねえ！」って檄を飛ばして、私もよくビシビシ指導されました。当時はそれが全然おかしいことじゃないし、「練習中は水を飲むな、窓を開けるな」っていう世界でしたからね。科学的トレーニングとは無縁の世界でウサギ跳びもやらされたし、スクワットは最低でも1000回。腕立ても途中で潰れると、怒られて。当時は自分の明るい性格がどんどん暗くなっていきました（苦笑）。あの頃は次の日を迎えるのが怖かったですから。

――新日本を辞めようと思ったことは？

小島　正直、ありましたよ。でも、そういうときは入浴時に将来の自分を想像するんです。スポットライトを浴びてるシーンやインタビューされてる自分とか、いろいろ華々しいところを想像して、その日を乗り切るって感じでしたね。あとはサラリーマンを辞めて入ってるので、後戻りはできないなって覚悟もあったので。

キャラ先行型の若手時代

――小島選手は91年7月16日の山本広吉（現・天山広吉）戦でデビューします。若手時代は山本（天山）＆小島vs西村＆金本のタッグマッチが前座の名物カードというか。

小島　専門誌でも大きく取り上げてもらいましたね。そのメンバーの中では私だけが1年後輩なんですけど、自分が劣ってるふうに見られるのがイヤで、先輩にどんどん噛み付いていくがむしゃらなファイトで。当時、現場監督だった長州さんに「とにかく声を出していけ。オマエたちはまだ何もないんだから、気持ちを見せろ」って言われてたんで、それを押し出してたら、マスコミの人たちも評価してくれたんですよ。でも、完全にキャラ先行型というか行き詰まりも早くて、今度はマスコミが「小島は気合いだけじゃないか？」みたいな論調に変わって（苦笑）。気付いたら、後輩の大谷くんのほうがジュニア戦線でブレイクしてましたから。大谷くんはノリがよく、私と同じ浜口ジム出身なのでウマが合って。あの頃、巡業中に長州さんが時折、いい試合をした若手に激励賞をくれたんですけど、大谷くんはよくもらってたと思います。彼は本当にプロレスの申し子という感じで試合もおもしろかったし、個人的にファンでしたね。

――その大谷選手をはじめ、小島選手の一年後輩は中西さんや永田選手、石澤常光（現ケンドー・カシン）選手や高岩竜一選手とメンバーが多彩でしたね。

小島　中西さん、永田さん、石澤さんは最初から〝アマレス三銃士〟って名付けられるくらいのエリートで、年齢も私よりみんな年上だったんで、最初はアセるというよりも、大げさ

90年代初頭の前座の名物カードとなっていた山本広吉（現·天山広吉）&小島聡vs西村修&金本浩二。互いが意地をムキ出しにした攻防は注目を集めた。

に言えば「住む世界が違うな」ぐらいの感覚でしたね。とにかく3人ともスタミナが凄かったし、グラウンドのスパーリングの強さは私とは月とスッポンで。だからこそ、自分は違う部分でプロとして勝負しないといけないなって思って、やたらと試合中に叫んで気合いばっかりを押し出して、気付いたらキャラ先行型になってしまったっていう（笑）。

――でも、永田選手は当時の若手の中では小島選手が女性ファンにモテたとお話されてました（笑）。

小島　いやいや、それはからかってるだけですよ（苦笑）。一番人気があったのは金本さんでしたね。いまは〝プ女子〟っていう言葉がありますけど、当時も女性ファンは多かったんですよ。その頃はスマホもないし、ネット文化じゃないので、ファンの方から当時流行ったプリクラが貼ってある手書きのファンレターをもらうのがうれしかったし、励みになりましたよね。

――リング外でのアマレス三銃士の様子は？

小島　やっぱり、中西さんはちょっと天然で変わってましたね（笑）。中西さんがアマレスの選手として闘魂クラブ（新日本がレスリングの選手を育成するために発足）に入ったのと、私が新日本に入門したのがほぼ同時期なんですよ。当時、入門前の中西さんから何かと道場に「馳さん、いますか？」って電話がかかってきたんで、「話好きな人だなあ」って思ってました。永田っちは物怖じしないというか、入門して二日目には寮の居間で脚を180度に開いて、新聞を堂々と読んでたんで「タダモンじゃないな」と（笑）。石澤さんは寮で私と同室だったこともあって仲はよかったと思うんですけどね。ただ、彼は朝型なのに私は夜型だったので、もしかしたら迷惑がられてたかもしれないです（笑）。いま思い返しても、あの時期のヤングライオンは豊作でしたよね。

――小島選手は若手時代、橋本真也さんの付き人をされてたとか？

小島　最初に付いたのは木村健悟さんで、そのあとが橋本さんですね。当時、橋本さんはIWGPヘビーのベルトを巻いていたので、大一番の前の緊張感や精神力の高め方を間近で観ることができたのは勉強になりました。リング外では食事に連れていってくれたり、お小遣いをたくさんくれたり、かわいがっていただきましたけど、やっぱり何事に対しても豪快な人でしたよ。

――橋本さんならではのエピソードはありますか？

小島　いつも試合後にシャワーで背中を流すのを手伝ってたんですけど、そのときにタオル5枚と500㎖のペットボトルを5本用意しとくのが決まりなんですよ。しかも全部ジュースっていう（笑）。朝も必ず起こしに行くんですけど、そのときもドリンクが必需品で。だから、とにかく汗をたくさんかいてたのを覚えてますね。

――小島選手がヤングライオンを卒業するきっかけとなったのは、94年の『ヤングライオン杯』での全勝優勝ですが、あのときは全試合の決まり手が健介さん直伝の技でしたね。

小島　そうそう、レッグアンドネックロックですね。健介さんは厳しかったんですけど、やっぱりあの人に教えてもらったものって、自分の中で大きいんですよ。私がヤングライオン時代、健介さんがよみうりランドの大会でヒザの靭帯断裂と足首を骨折して長期欠場したときに、私が世話係を買って出て、よくお見舞いに行かせてもらってたんですね。周りから「立ち回りがうまい」とか言われましたけど（苦笑）。その頃の健介さんの元に行くにも勇気が必要だったんですけど、辛い思いされてるだろうし、何か役に立てることがあればなって。それ以降、健介さんも自分に対して気持ちを開いてくれたというか、復帰戦のときにも「セコンド付いてくれよ」なんて言っていただいて。そういうこともあってか、レッグアンドネックロックを直伝で教えてくれたんですよね。

――そういうエピソードがあったんですね。このときは3月に『ヤングライオン杯』で優勝し、その年の12月から海外遠征に出発しますが、ちょっと間が空いてますよね？

小島　本当は優勝してすぐに行くって話だったんですけど、私の前に遠征してた天山さんの向こうでの評判がよかったのか、その期間が延長したんですよね。で、天山さんが帰ってくるタイミングで、長州さんに「入れ替わりでオマエが行け」って言われて。最初はイギリスでクイック・キック・フジ、そのあとは顔面にペイントしてジャパニーズ・ミーン・マシーンっていうリングネームで活動しました。その当時は遊園地の一角を借りてリングを作ってたので、わりと子どもを対象にした試合が多かったんですよね。それでプロモーターから「日本から来た悪いヤツみたいな感じで試合してくれ」って言われて、日本じゃできないことだったんで楽しかったし、勉強になりましたね。現地ではトニー・セントクレアーさんとデイブ・フィンレーさんが二大巨頭みたいな感じで、そのときに幼少期のデビッド・フィンレーとも会ってるんですよ。その20年後、一緒にベルトを巻くとは思わなかったですけど。

――デビッド・フィンレー選手とは16年9月に、リコシェ選手含めNEVER無差別級6人タッグ王座を戴冠しましたね。そして、イギリス遠征のあとはカナダのカルガリーに入り、ジョー大剛（新日本の海外エージェント）さんのもと、肉体改造に着手されて。

小島　天山さんの身体がかなりデカくなったこともあり、私も大剛さんに言われて米を昼5合、夜5合炊いて食べて、プロテインも1回1リットルを日に2回飲んでました。あと、「夜寝る前にインスタントラーメン2袋食べろ」って言われて（笑）。大剛さんが相撲出身なんで、「とにかく太れ」って感じの方針だったんですよね。あの頃はまだ大剛さんが元気だったんで、練習もメチャクチャ厳しくて。大剛さんとしては自分が鍛えた天山さんが日本でブレイクしたこともあって、私にもそれに続いてほしかったんでしょうね。よく、練習中も「天山はあんなこともできた、こんなこともできた」って檄を飛ばされました。滞在先に『ワールドプロレスリング』の録画テープを送ってもらってたんですけど、日本での天山さんの活躍を観て「こんな凄いことになってるんだ！」ってかなり刺激になりましたよ。

――そのあと、ドイツとオーストリアにも転戦されてますね。

小島　ＣＷＡという団体の欧州ツアーに参加して、新日本に参戦したことがあるプロモーターのオットー・ワンツさんにジョー・ジョー・リーって名づけられました。このとき、なぜか当時ＵＷＦインターナショナルにいた高山善廣選手がブッキングされて、数日間だけ一緒に過ごしてるんですよ。団体は違えど、お互い異国の地で会った日本人ということで、すっかり意気投合して。そのあと、同じ95年に新日本とＵインターの対抗戦が始まったんですよね。ほかにも私の遠征中に馳さんが国会議員になったり、健介さんが北斗晶さんと結婚されたり、あと社会では阪神大震災や地下鉄サリン事件が起こって、凄く日本のことが気になってたのを覚えてます。

ブル・パワーズの軋轢

――小島選手は96年の１・４東京ドームで、天山選手を相手に凱旋帰国試合に臨みました。

小島　あのときは「風貌が天山に似てる」っていう声もあって（苦笑）。意識はしてなかったんですけど、いま思うと天山さんの活躍に憧れてた部分があったんでしょうね。ムーンサルトとかニールキックとか、技までカブってましたから。まあ、当時は凱旋帰国するレスラー特有のイメージというか、うしろ髪を伸ばして、ウエスタンブーツを履いて、ジュラルミンのシルバーのケースを持つのが暗黙の了解だったんで、形から入ったんだと思います（笑）。でも、まだセンスという部分で天山さんとの差を感じていて、「このままじゃまずい。でも、どうすればいいんだ？」っていうアセりを持ってました。それでヤングライオン時代の延長じゃないですけど、さらにパフォーマンスが派手になって。

――当時、場外乱闘でノリに乗った小島選手が放送席のテーブルに立ち上がり「ホーッ！」という雄叫びからイスを放り投げたら、たまたま解説のマサ斎藤さんの足に当たり、マサさんが痛みで顔をしかめてから、カッとなった場面があって（笑）。

小島　覚えてます！　試合中はイスが当たったことに気付かなかったんですけど、あとでマサさんに「パフォーマンスすればいいってもんじゃない！　ふざけんな、顔じゃないよ、オマエ」ってメチャクチャ怒られて反省しました（苦笑）。当時は長州さんや藤波（辰爾）さん、闘魂三銃士や健介さんたちがいる中、どうすれば存在感を示せるのか、試行錯誤してましたね。その中でＷＡＲやＵインターとか、新日本以外の選手と試合する機会もあって、徐々にプロレスのおもしろさにも開眼してきたというか。

――この年の6月には同世代で競い合ったIWGPヘビー級王座挑戦者決定リーグ戦を勝ち抜き、キャリア5年で橋本真也さんが保持する新日本の至宝に初挑戦しました。

小島　それも前年、天山さんが凱旋直後にIWGPヘビーに挑戦して凄い試合をした前例があったから、大きなチャンスが舞い込んだというか。私は橋本さんの付き人として間近でずっと防衛戦を観てきて、お客さんすべてを納得させるあの強さに憧れがあって。凱旋帰国の勢いに任せて挑んだ結果、完膚なきまでに叩き潰されましたけど、思い出深い一戦です。あのときは『サンケイスポーツ』が誌面で初めてプロレスを扱うということで、その王座戦が1面になったのもうれしかったですね。

――そして、このあとは同世代の中西さんとのタッグチーム「ブル・パワーズ」を始動します。

小島　あれはもう完全に会社の意向でしたね。当時、中西さんが修業先のWCWからクロサワっていうリングネームで凱旋帰国して、売り出し中だったんですよ。それで会社が「小島も元気だから」って感じで組ませたんじゃないですかね。でも、当時はお互いにトンガってた時期だったんで、けっこう反発しあってましたよ。とくに私は「なんでコイツとタッグ組まなきゃいけないんだ？　中西の引き立て役になってたまるか！」っていう憤りがあって。

凱旋帰国試合ではドームの大舞台で、天山広吉に一歩も下がらず真っ向勝負を繰り広げた。

二人でイベントに駆り出されたりもするんですけど、プライベートではまったく接点がなくて。

——対抗意識が強かった、と。

小島　中西さんは凱旋帰国してからシングルで長州さんやリック・フレアーにも勝って、どんどん階段を駆け上がっていってたのでジェラシーが強かったんです。二人で長州さんと健介さんのコンビからＩＷＧＰタッグを奪取したんですけど（97年5月3日・大阪ドーム）、3カ月くらいで落としてるし、チームとしては最後までチグハグでしたね。コスチュームもバラバラで、会社が色違いのショルダータイツを用意してくれたんですけど、恥ずかしくて私は結局一回しか着なくて（笑）。新日本としては本格的にプッシュしたかったんでしょうけど、当人同士の相性に問題がありましたね。最終的には私がｎＷｏに入るタイミングで、自然消滅になって。

——90年代後半にアメリカでｎＷｏブームが巻き起こり、蝶野正洋選手が日本に持ち帰ってｎＷｏ ＪＡＰＡＮを結成。小島選手は98年10月、武藤敬司選手に勧誘される形で加入しましたね。

小島　その頃から武藤さんとの結びつきが強くなっていきました。当時は巡業中もプライベートも、ずっと武藤さんに付きっきりで、電話もしょっちゅうかかってくるんですよ。「コ

1998年2月7日の札幌中島体育センターでは中西学とお揃いのコスチュームを着用。しかし、タッグの足並みは揃わず……。

ジか？　いや、べつに用はねえんだけどよ！」って（笑）。武藤さんはスターですから、とにかく何かとおいしい思いがいっぱいできるんですよね。たとえば銀座の高級クラブにお酒を飲みに行けるようになったのも、プロレスラーとして凄いステータスに感じましたし。そのときにかわいがってもらったのが、のちに武藤さんが全日本プロレスに移籍するとき、私も誘ってもらえたっていうのはあるでしょうね。

――当時、間近で見た武藤さんの素顔は？

小島　スターなのにナチュラルというか、こっちも一緒にいて緊張せず、ざっくばらんになんでも話ができて。とは言え、武藤さんはいつもプロレスのことを話してましたね。のちに〝プロレスLOVE〟っていう代名詞がありましたけど、本当にプロレスが好きなんだなって。ただ、基本的に武藤さんは自分のことしか話さないので、あんまりアドバイスを受けた記憶はないです（笑）。

運命のテンコジタッグ結成

――nWo JAPAN加入後、天山選手との〝テンコジタッグ〟が本格始動します。紆余曲折を経て現在も続く、プロレス界のロングセラーというか。

小島　若手の頃も天山さんとあたりまえのようにタッグを組んでましたけど、〝テンコジ〟と呼ばれるようになったのはこのときで、そこからこんなに定着するとは思わなかったですね。そもそも、この時期は天山さんのパートナーだった蝶野さんが首のケガで欠場していて、その代役という感じで私が組むことになり、それがそのまま定着して。個人的にテンコジタッグは最初からシックリきましたね。一つ先輩ですけど同年齢で、若手の頃から一緒に苦労してきたっていうのもあって、安堵感のあるパートナーでした。

――このときに天山選手と並んだという意識は？

小島　表面上はそう振る舞ってましたけど、実際は違いましたね。当時は自分が好き放題やって、困ったときは天山さんがケツをふいてくれて。あの人はお客さんに対してのアジテーションもうまいし、技の一つ一つも迫力があり、しかもあんな大きな身体してるのに器用に何でもこなせて、プロとして華がありましたよね。いわゆるイケメン的な意味でのカッコいいとは違うんですけど、あの雰囲気がまさにプロレスラーというか。やっぱり、組んでいて楽しいんですよね。

――お二人の合体技ではテンコジカッターが有名ですが、あれは同時期にＷＷＥで活躍し、のちに新日本でもＩＷＧＰタッグ王者になったダッドリーボーイズの合体技の３Ｄを意識したのでしょうか？

1999年の1.4ドームではセミでテンコジタッグがIWGPタッグ、メインで武藤敬司がIWGPヘビーを奪取。nWo JAPANがその力を満天下に示した。

小島　たまに聞かれたんですけど、実は全然意識してなくて。テンコジカッターは、私のコジコジカッターをうまくコンビネーションとして使えないかと思ってできた技で、３Dという技があるのは後から知ったんですよ。で、それを実際に目の当たりにしたときに「どう見てもコッチよりうめえや」って思ったんですけど（苦笑）。３Dが流れるように決めるのに比べて、テンコジはワンクッション置いてたんですよね。あれはべつに差別化してたわけじゃなく、スムーズに決まらなかっただけで、いまのほうが３Dに近くなってると思います（笑）。ほかにも連携技はいくつかありますけど、天山さんと二人でアイデアを出し合うことが多いですね。

――テンコジタッグは20年5月現在、G.o.D（タマ・トンガ&タンガ・ロア）組と並びIWGPタッグ王座の歴代最多戴冠6回を誇りますが、その初戴冠は天龍源一郎&越中詩郎組を下した99年の1・4東京ドームでした。ノーコンテスト裁定となった橋本真也vs小川直也の不穏試合のあと、場内が騒然とする中でのタイトルマッチとなって。

小島　いやあ、デビューして30年近くやってきて、あんな空気を感じたのはあのときだけですね。ドームって出番の3つくらい前の試合から入場ゲートの裏にある個室で待機しなきゃいけないんで、直前の試合をあんまり把握できないんですよ。モニターはあるんですけど、私は自分のことでいっぱいいっぱいで観てなくて。そうしたらブーイングや罵声が聞こえてきて、場内が異常なムードなのが伝わってきたんで「アレ？」と思ってモニターを確かめたら、リング上が乱闘でメチャクチャな空気で。当時は私もまだ28歳でしたし、「エッ、どうすればいいんだろ？」って思いましたよ。隣では天山さんがピリついていて。いざ自分たちの出番になって、入場で花道を歩いててもお客さんが誰もこっちを見てないんですよ。もう「この事態をどう収拾させてくれるんだ、新日本は？」っていう空気しかなくて。だからこそ開き直れたというか、「もう自由にやっちまえ！」みたいな感じで、リングに上がったときは腹をくくってましたね。でも、試合中もなかなか会場の雰囲気は変わらなくて。

――天山選手が場外の天龍&越中組に、コーナートップからムーンサルトを敢行してから、風向きが変わりましたよね。

小島　そう、そこで初めてお客さんが「オ～！」となってくれて、空気を引き戻せて。それは天山さんの機転の良さというか、ああいう騒然とした雰囲気だったからこそ、あんな無茶な攻撃を繰り出せたんでしょうね。その試合で私たちがベルトを獲ったあと、メインでは武藤さんがスコット・ノートンからＩＷＧＰヘビーのベルトを獲得したんですよね。あの大会は小川選手以外に、大仁田厚選手が健介さん相手に初めて新日本で試合をして、かなり殺伐としてたと思うんですけど、セミとメインでｎＷｏ ＪＡＰＡＮが締めくくったことで、ユニットの結束力が強まったっていうのは感じました。

――その橋本vs小川をきっかけに、新日本プロレスは猪木さんが推し進める格闘技路線と、純プロレス路線が入り交じる混沌とした状態に突入します。その中で小島選手は〝平成プロレスの象徴〟みたいに捉えられる向きが多く、昔からのストロングスタイル信仰の強いファンの間で、その明るいパフォーマンスが賛否両論だったというか。その時期、小島選手はインターネットの某巨大掲示板を見て、ファン不信になったそうですね（苦笑）。

小島　そうそう！　当時、2ちゃんねるっていうのが流行りだした時期だったのかな？　その頃、自分はPCを持ってなくて、その存在すら知らなかったんですよ。で、あるときに新日本の事務所で「こんなのがあるんだよ」って、自分のことが書かれてる部分を見せてもらったんですけど、「え、オレはハタからこんな風に見られてんのか!?」って、もう愕然としちゃって。当時はそういうものに対する免疫がゼロだったんで、落ち込むどころかなんて言うんだろう……、「俺はもう生きていけない！」くらいのダメージで（苦笑）。直接言われたことがない言葉が、ズラッと並んでるのを目の当たりにして、「ここに書いてる人以外からもこんなふうに思われてるのか!?」って、2ちゃんねるの意見がプロレスファンすべての総意みたいに受け取っちゃって。なんか、「行っちゃうぞバカヤロー！」に対して「逝ってよし！」とかありましたね（笑）。

――また、上手いこと茶化しますね（苦笑）。

小島　いやもう、それで「ああ、もうこの決めゼリフは使っちゃいけないんだ」とすら思ったんですから（苦笑）。あと、私の顔文字（アスキーアート）とかもあって、おちょくってるセリフばっか書いてあったのはちょっとショックでしたねえ。当時、ファンの人に「握手してください」とかニコニコしながら言われて、応じながらも「いや、この人は悪口書いてるんじゃないか？」とか思っちゃったり、完全に人間不信になってましたね（笑）。

——結局、立ち直ったのは慣れですか？

小島　そうですね、見ているうちに免疫がついたというか。それにそういう意見の中にも意外と建設的なものも入ってたりしたんですよ。だから、逆に勉強になるなって思ったこともありましたし。当時の私は試合中にずっと叫んでるイメージがあったと思うんですけど「そういうのは要所要所にしたほうがいい」とか、いいアドバイスは参考にしようと思いましたね（笑）。

衝撃の新日本プロレス退団

——00年前後のテンコジ最大のライバルといえば、同世代の中西&永田組でしたね。

小島　そうですね、対戦相手として一番思い入れがありました。あの二人には試合ですべてをぶつけられるし、こっちも受け止める自信があって。中西さんはあの時期に自分のスタイルが開花したと思うし、永田さんはクレバーだから中西さんを上手く利用しながらのし上がっていったというか。それは僕にはできなかったことですから。あの時期は相手の二人だけじゃなく、パートナーの天山さんも含めたライバル争いっていうイメージがありますね。

――新日本で着々と実績を残しつつあった小島選手ですが、01年1月に武藤選手とカシン選手と共に突如退団し、全日本プロレスに移籍します。その意志はいつ頃決められたのでしょうか？

小島　いや、それはホントに退団の寸前で、1カ月前とかなんですよ。01年の12月にテンコジとして『G1タッグリーグ』で初めて優勝して、「さあ、これからテンコジでもっとがんばるぞ！」って気合いを入れてる矢先に、武藤さんから「ちょっと出てこいよ」って自宅近所のカニ鍋の店に呼ばれたんです。優勝して3日後くらいだったんで「お祝いでご馳走してもらえるんだ」くらいの感覚で行ったら、武藤さんが「実は来年は新日本と契約更新しねえんだ。全日本に行くからさ」って言われて。なんか、最初は突然すぎて意味がわからなかったというか、水面下でそういう動きがあったこと自体をまったく知らなかったんです。さらに武藤さんに「オレ、全日本の社長やることになってんだよ。オマエと一緒に盛り上げてえんだよな」って言われて、そこまでいろいろと考えてるなんて、正直戸惑ってしまって。

2001年の10.9東京ドームで第三世代がIWGPタッグを賭けて対峙。小島が中西学を豪快なラリアットで下し、テンコジタッグが防衛に成功した。

――返事はそのときに？

小島　いや、「ちょっと待ってください。即答できるような話じゃないので」って言ったら、「そうか……。じゃあ、返事は明日な」って言われて（笑）。そこから「いやいや、そんなすぐだと困ります」「わかった。じゃあ、3日後でいいや」「いや、もうちょっと……」「なんだよ、オマエ！　じゃあ、一週間以内に返事くれよ」っていうやり取りがあって、それから悩みに悩みましたねえ。そういえば武藤さんから「この話は絶対に口外するな。自分で判断してくれ」って言われたときに、私は「天山さんはどうするんですか？」って聞いたんです。そうしたら「現段階では天山には声を掛けてない」ってことだったんですけど、私としては声を掛けてもらうイコール、テンコジとして移籍だと思ってたんですよ。『G1タッグ』で優勝もしたばかりで、それしか自分の中で選択肢がなかったというか。でも、武藤さんには「とりあえずオマエだけだ」って言われて、その理由はいまでもわからないし、全日本の資金的なものとかさまざまな要因はあったかのかもしれないですね。もしくは別口で天山さんにも声が掛かったのかもしれないし。

――決断を下すまではかなり葛藤があったのでは？

小島　もう「どうしよう、どうしよう？」みたいな感じでしたよ。やっぱりまず、「新日本を辞めたらどうなるんだろう？」っていうイメージが膨らんで。新日本だったら地上波で放

2001年の『G1タッグ』でテンコジタッグとして初優勝。しかし、その直後に二人には分岐点が訪れる。

送されてるし、ギャランティのことも含めていろんなことを考えました。最終的に全日本への移籍を決めた理由としては、当時はキャリア10年目で自分の今後のレスラー像に悩みを抱えてた部分もあって、「武藤さんの全日本に賭けてみよう」っていう期待や野心があったのかもしれないですね。武藤さんのプロレスLOVEであり、プロレスに対する自信にも共感したというか。当時はよく「小島は新日本の格闘技路線に嫌気がさして辞めた」って言われたんですけど、そんなことは全然思ってなかったんですよ。もちろん、「総合の試合はオレにはできないかな」っていう気持ちもありましたけど、かと言ってそれで新日本がイヤになるということもなかったし、私は私で自分のプロレスを貫こうと思ってたんで。普段の私は優柔不断なんですけど、こういう大きな決断になると意外と踏みだしちゃう部分もあって。

——最終的に武藤さんにはどのように伝えたんですか？

小島　一週間後に「ついていきます」と。で、武藤さんからは「自分で決断したあとは、天山に報告しても構わない」って言われてたので、天山さんにファミレスで「オレは新日本を辞めて新しい道に進もうと思ってます。できたらテンコジとして一緒に行きたいです」って伝えたんです。そのときは天山さんも「じゃあ、オレもちょっと考えてみる」って言ってくれて。でも、それから数日経って、天山さんから「オレはコッチに残るから」って連絡があったんです。もし、天山さんも来るっていえば、武藤さんもちゃんと受け入れたと思うんですよ。でも、もしかしたら当時の武藤さんの中には、小島を独り立ちさせたいっていう気持ちがあったのかもしれないですね。「このまま天山と組んだままだと、オマエの可能性は変わらないぞ?」とは言われたので。それイコール「いまのオマエは天山よりも下だ」ってことなので、その一言が決定打にはなりました。

——当の天山選手は「あのときのコジは武藤さんたちにすっかり説得されてた」とおっしゃっていました。

小島　まあ、武藤さんは私の優柔不断な性格を見抜いて、他人の意見に惑わされないように「誰にも言うな、自分で決断しろ」って言ったんでしょうね。あと、私はカシン選手に関しては、移籍することを知らなかったんですよ。レスラーやフロントを含めて、新日本を退団する人たちの決起集会みたいな感じで焼肉屋に集まったときにカシン選手がいて「え、行くの?」ってビックリして(笑)。そのときは「馳さんに誘われた」って聞きましたね。あと、武藤さんがタナ(棚橋弘至)にも声を掛けてたっていう話を、だいぶあとになってから知りました。

——そして、小島選手は新日本所属のラストファイトとして02年1月24日の後楽園大会で、天山選手と組んで健介&西村組と対戦しました。

小島　当時、退団を発表したあとに試合をするっていうのが、新日本の歴史の中で異例のことだったらしいんですよね。実際、武藤さんは試合をしてなくて。やっぱり、個人的に新日本に対する感謝の気持ちは大きかったので、最後に試合ができたのはうれしかったです。私は退団が決まってから新日本のすべての人、レスラーだけじゃなく社員の方にも「辞めることになりました。いままでありがとうございました」って電話をして、そのときは誰しも大人の対応で接してくれましたけど、きっと心よく思ってない人もいたでしょうね。そんな中でも印象的なのが、山本小鉄さんに「いろいろあると思うけど、この世界は続けていけばまたどこかで出会ったりするから、感謝の気持ちは忘れずにがんばれよ！」って励ましていただいて、感動したのを覚えてます。

——あのときのラストファイトでは、入場時から涙を浮かべてましたよね。

小島 「ああ、テンコジも終わりなんだな」って思ったら自然とこみ上げるものがあって。そのとき、お客さんからは拒絶されると思ったんですよね。「辞める人間を応援なんかしないよな」って。でも、なぜか凄く温かくて……。試合後、天山さんに控え室で「いままで本当にありがとうございました」と伝えて、二人で号泣したんですけど、あのときは「こんなTVドラマみたいな別れがあるんだな」って思いましたねえ。

——まさかそれから一年後の1・4東京ドームで、また天山選手と組むとは想像しなかったですか？（笑）。

小島　まったくの想定外でした（苦笑）。ホント、この業界は何が起こるかわからないというか。それ以降も節目節目でなんだかんだと、新日本に参戦する機会があって。ただ、当時は全日本所属として自分の団体を盛り上げるという意識が一番だったんで、新日本の選手と密に連絡を取り合うとか、そういうことはなかったですね。うしろを振り返りたくなかったですし、ライバル団体のいちレスラーとして一線は引いてました。

全日本プロレスの小島聡

──小島選手は02年2月9日、全日本の後楽園大会のリング上で所属選手として所信表明を行ないましたが、そのときはブーイングも起こりましたね。

小島　先制パンチじゃないですけど、「エッ、全日本でやってけんのかな?」って思っちゃいました（苦笑）。昔からのファンにとっては、私たちは侵略者みたいに映った部分はあったんでしょうね。当時はまだ〝馬場全日本〟というイメージが強かったですし、川田（利明）さんや天龍（源一郎）さんが中心だった時期なんで。でも、試合をやってくうちに温かい反応になったというか、全日本特有のホンワカした雰囲気にも馴染んできて。いわゆる昔からの全日本のキャッチフレーズである〝明るく楽しく激しく〟の〝明るく楽しく〟の部分というか、そういうものを受け入れてくれるファンが新日本に比べて多い団体でした。

――その頃の全日本の選手たちの反応はいかがでしたか？

小島　やっぱり、新日本から来た3人に注目が集まったので、三沢（光晴）さんたちが大量離脱したあとの全日本を、守ってきたという自負があった選手たちはおもしろくなかったと思います。長井満也選手や荒谷望誉選手あたりはガンガン来ましたし。いま思い返すと、当時は小さな派閥が多かったような気がしますね。そこを昔からいた渕正信さんがまとめようとしていた印象で。

――全日本に入団してすぐのアメリカ遠征では、スタン・ハンセンにラリアットの極意を伝授されましたよね。

小島　まさかラリアットの元祖であるハンセンさんから、直接アドバイスをもらえるとは思ってなかったです。免許皆伝って言ったらおこがましいですけど。ラリアット自体は96年に凱旋帰国してから、自分の体型的に合ってると思って使いはじめました。ハンセンさんには技術的なこと以上に、「相手の首にダメージを蓄積させて、最後に必ず3カウント取れるようにするのが大事なんだ」っていう、ラリアットに持っていくまでの過程について学びましたね。新日本にいたときはわりと乱発してたんですけど、一撃必殺だからこそのフィニッシュホールドというか。あのときに初めて、いままでやってきたラリアットに魂を吹き込むことができたと思います。

――小島選手のもう一つの代名詞である「行っちゃうぞ、バカヤロー！」という雄叫びからのダイビングエルボードロップも、全日本時代から浸透していったイメージがあります。

小島　たしかにお客さんが一緒に合唱してくれるようになったのは、全日本に行ってからだと思います。ダイビングエルボー自体はデビュー当時から使ってたんですけど、その頃は「いくぞ、オラー！」だったのが、90年代の終わりぐらいから首をかっ切るポーズをして「いくぞ、バカヤロー！」みたいに叫ぶようになり、徐々に変化していったんでしょうね。シャウトした瞬間に相手に妨害されることも多いんですけど、この技で菊タローと愚乱浪花選手からフォールを奪ったことはあるんですよ。でも、お客さんからは「エ～!?」って言われちゃって（苦笑）。

――フィニッシャーとしては向いてない、と（笑）。小島選手は全日本に移籍以降、団体の至宝である三冠ヘビー級王座を巡る戦いの輪に加わります。初挑戦は02年7月17日、大阪府立体育会館での天龍戦でした。

小島　天龍さんとは90年代の終わりに新日本で試合をしたことはあったんですけど、当時は恐いイメージしかなかったです。全日本で対峙することになったときも、かなり覚悟が要りましたね。当たりの強さはもちろん、いきなりイス投げられたり、破天荒な部分も多かったので（苦笑）。でも、全日本時代に天龍さんから身体で学んだというか、これからトップに駆け上がるというときにガッチリと戦えたのは凄く大きな意味があったなって思います。

――間近で見た天龍さんはどういう方でしたか？

小島　実は新日本が90年代前半にＷＡＲと対抗戦をやってた頃、トップ陣ではない若手だからということなのか、お酒の席にお誘いいただいたこともあるんですよ。しこたま飲まされて洗礼を受けたわけですけど、「ああ、この人は噂どおり、リングを下りてもプロレスラーなんだな」ってうれしくなりました。これは後年の話ですけど、天龍さんと雑誌の企画で対談させていただいたときに「オレはプロレスラーとしてやってきたことすべてが、いい思い出にしか映らないんだ」とおっしゃっていて、それが凄く印象に残ったんです。いろんなリングに上がり、いろんなレスラーと戦った方ですから、響くものがあって。

――小島選手も全日本時代にはかなり多くの他団体に参戦されましたよね。

小島　そうですね。それは自分の希望もあったし、そういう経験を通してプロレスの幅も広がったのは間違いないです。私の入門当時のプロレス界はメジャーとインディーの垣根が高かったと思うんですけど、個人的にはそんな意識が全然なくて。ファン時代からいろんな団体を観てましたし、僕はアマチュアの実績なく新日本に入ったので、自分自身をメジャーだなんて思ってなかったというか。移籍した全日本はわりとオープンだったので、いろいろなリングに上がりましたね。『アパッチプロレス』（04年12月27日）ではデスマッチで有刺鉄線バットを振り回したり、『ターザン後藤一派』（05年5月5日）では入場したらリングに上がる階段がビールケースで、「これがいわゆる〝インディー〟の世界か！」と衝撃を受けたり（笑）。基本的にはオファーがあればなんでもやりたかったし、それがレスラーとしての糧になるって毎回思ってました。あと、IWAジャパン（04年8月31日）でチョコボール向井さんと対戦したのも思い出深くて。

――Iジャでは元・新日本プロレスの練習生で、AV男優の向井さんと対戦しましたが、小島選手は、「なんか初めて会った気がしない」と発言されてましたね（笑）。

小島　「若い頃にお世話になった気がする」とかね（笑）。あの試合も周りから何かと言われましたけど、チョコさんのプロレスに対する真摯な気持ちが伝わってきて、絶対にやってよかったなって思ってます。

――全日本がK-1と協力開催していたエンタメ色の強い『WRESTLE-1』でも、小島選手は精力的に取り組んでいました。

小島　『WRESTLE-1』はフジテレビで毎週10分くらいの関連番組があって、私はスーツを着てニュースキャスターみたいなことをやって（笑）。新日本ではできなかったことというか、とにかく試行錯誤してましたけど、他人から見て失敗だとしても「あんなことしなきゃよかった」みたいな後悔はないんですよね。あれがのちの『ハッスル』参戦にも繋がったと思いますし。

――他団体の大物でいうと、04年7月18日の両国大会ではノアの三沢選手と一騎打ちを果たしました。

小島　あの試合はキャリアの中でもかなり大きいです。私は若手時代に緑のコスチュームでしたけど、あれは三沢さんの影響もあって。ファン時代から三沢さんはとにかくカッコよくて、オーラを感じましたよね。実際に対戦した感想としては、そんなに力強さは感じなかったんですけど、技のキレがもの凄くて。エルボーも遠心力の使い方が巧みで、とにかく痛かったです。最初に食らった一発のショックはいまでも覚えてますね。場外に逃げたんですけど、「これがあの〝三沢のエルボー〟か」と思いしらされて。

――小島選手は05年2月16日に国立代々木競技場第2体育館で、その三沢さんと同じ四天王と称された川田さんを下し、平成デビューの選手として初めて三冠ヘビーのベルトを奪取しました。

小島　全日本に移籍して3年、ようやくトップの証を獲れたっていう充実感がありましたね。しかも相手が全日本一筋の川田さんだったんで。あの人との試合は見てわかるとおり、ハードヒットでキツかったですよ。なんか、〝不器用に見せる器用さ〟を感じたというか。実は川田さんとは全日本時代はそこまで接点がなくて、辞めてからたまにお酒を飲むようになって。川田さんが経営されてるラーメン屋さんに食べに行ったこともありますし、あの人はプロレスもそうですけど、飲食でも職人タイプなんだなっていうのが伝わってきましたね。四天王だと小橋建太さんとも引退されたあと何度か飲む機会があって、ずーっとニコニコされてるのが印象的でした。90年代後半、僕は「どうせ使うなら大きく出よう」と思って〝世界一のラリアッター〟を自称してたんですけど、当時は「小橋がいるだろ！」って見事にバッシングされましたね（苦笑）。

――三銃士と四天王を通して、何か新日本と全日本の違いのようなものは感じましたか？

小島　そうだなあ……。この言い方が適切かわからないですけど、三銃士はいろんな意味で〝アバウト〟なんですよね。よく言えば臨機応変、「なんでもやっちまおう！」みたいな。逆に四天王と呼ばれる人たちは試合の序盤から終盤まで、計算の上に成り立ってると思いました。意外性のプロレスと起承転結のプロレスの違いというか。あと、四天王に関しては三沢さんや川田さん、小橋さん含めて持ってる空気感というか、オーラが似てましたね。それは自分が新日本育ちだったから、より強く感じたのかも知れないですけど、三銃士とは全然違いました。そういうものを体感できたのは財産だと思います。

史上唯一のダブルチャンピオン

――三冠ヘビーを初戴冠した直後の05年2月20日、小島選手は新日本の両国国技館大会で、IWGPヘビー級王者の天山選手との史上初のダブルタイトルマッチに臨みました。

小島　若手の頃から特別な存在だった天山さんと、それぞれの団体の至宝を賭けて戦うわけで、「ついにここまで来たんだ」っていう思いでした。テンコジがプロレスの歴史に名を刻んだというか、とにかくいろんな意味でプレッシャーに押しつぶされそうになるのを必死にこらえてましたね。リング上の認定書宣言で木村健悟さんが、私の名前を「こじまさとる」って言い間違えたんですけど、それも気にならないくらいで（笑）。いま思うと、この統一戦の直前に三冠ヘビーを奪取したのがよかったな、と。身体はきつかったんですけど、気持ちは勢いづいていたので。

――試合は終盤、誰もが60分時間切れ引き分けと思い始めた50分過ぎに、天山選手が脱水症状となり、フラつき始めたときはやはり驚いたのでは？

小島　いや、実は天山さんがそういう状態になったって気付かなかったんですよ。まさか脱水で倒れてるとは思わないから、とにかく「起きろ、天山！」って呼びかけて。引き分けじゃなく、ちゃんと決着つけたかったから必死でしたね。でも、紙一重の試合だったというか、

30分過ぎくらいで天山さんの大剛式（小股すくい）のバックドロップを食らったときに受身に失敗して、コッチも左肩が脱臼しかけたんですよ。お互い気合いの入り方が違ったし、本当にギリギリの戦いでした。

――結果は59分45秒、天山選手が立ち上がれず小島選手のKO勝ちになりましたけど、あの結末に対しては？

小島　まさかこんな終わり方になるなんて、誰も想像してなかったでしょうし、自分でもビックリというか。あのときの会場の騒然とした雰囲気はよく覚えてます。天山さんが起きれなくなったのが試合終了5分前くらいだったんですけど、そこからお客さんも「これ、どうなるんだ？」って一気に盛り上がったんですよね。声援と怒号が入り混じって聞こえて、とにかく異様な空気で。あの試合はアウェーにも関わらず自分に対する応援も少なくなかったし、いま考えてもゾクゾクしますね。試合後、永田さんや（中邑）真輔、タナが立ちはだかったのを見て「オレはとてつもないことをやったんだな」と思いました。

――小島選手はあのときがＩＷＧＰヘビー初戴冠でしたが、その王者時代に一度も腰に巻かなかった理由を聞かせてください。

小島　まず、天山さんから獲った試合が納得できる勝ち方じゃなかったからでしょうね。それと全日本所属として「巻くのは三冠ヘビーだけだ」っていうこだわりもあって。まあ、あとになって「ＩＷＧＰヘビーも巻いとけばよかったな、もったいなかった」って後悔したんですけど（苦笑）。印象的だったのが武藤さんに「オマエ、俺がやってことないことをやり遂げたな。60分近く試合するのがどれだけ凄いことか、オマエは誇るべきだ」って言ってもらったんですよ。初めて武藤さんに認めてもらえた瞬間だったというか、自分のことをジェラシーの対象として見てくれたのはうれしかったです。「自信を持って、自分の道を進んでいこう」って思いましたね。

――同年3月26日の両国でのＩＷＧＰヘビーの初防衛戦では中邑選手を迎え撃ちますが、その戦前に小島選手はこの試合に対して恐怖を感じていたとか？

小島　本当に恐かったんですよ。要するに真輔は私が新日本を辞めたあとに入った選手で、一度も接点もなく、果たしてどういう人間なんだろうって。あのときはタイトルマッチの前哨戦もなかったし、彼は総合格闘技でも結果を残してる〝普通じゃない若手〟という認識だったので、得体が知れないという意味で恐怖がありました。自分の中でヘンな幻想ばかりが広がっていって。

――試合結果は60分時間切れ引き分けで初防衛に成功しました。

小島　天山さんとの長期戦でも驚いたのに、未知の領域に突入しましたね（笑）。きっと、凱旋帰国した当時の自分のファイトスタイルだと、あんな大舞台で15分もできなかったと思

05年2月に史上唯一の三冠ヘビー&IWGPヘビー同時戴冠を達成。試合後、挑発するようにIWGPヘビーをリングに放り投げて退場すると、新日勢と一触即発に。

うんですよ。それを全日本仕様というか、いろいろな経験を積んだからこそ60分を戦い抜くことができた。それは自信をもって言えるんですよね。新日本を辞めて、新たな世界が目の前に広がったことで、自分の想像をはるかに超えるレスラーとしての幅を身につけられたというか。とくに天龍さんや川田さんとの戦いで、プロレスの間というものを学んだ気がします。結局、このあとの新日本の東京ドーム（05年5月14日）で天山さんにＩＷＧＰヘビーを奪還されましたけど、テンコジ対決をドームのメインでやれたのも感慨深いものがありましたね。

――これらの活躍が評価され、小島選手は同年の東京スポーツ新聞社制定のプロレス大賞で最優秀選手賞を受賞しました。これは第三世代の中では唯一の勲章となります。

小島　そのときに初めて、同じ世代のレスラーの中で頭一つ出ることができたのかなって実感できました。でも、自分自身の力だけじゃなく、新日本を辞めてから周囲の沢山の人に盛り立ててもらえたからこそ、つかみ取ることができた栄冠だって思いましたね。

武藤敬司からの卒業

――小島選手の全日本在籍時、古巣の新日本は選手の大量離脱もあり、いわゆる暗黒時代に突入しますが、どうご覧になっていましたか？

小島　「揺れ動いてるな」って感じてましたし、自分の故郷だからこそ持ち応えてほしいという気持ちは強かったです。全日本にいたから一層わかるんですけど、なんだかんだ常に業界の先頭を走ってるのは新日本なんですよ。だからこそ、何かと話題になるというか。でも、当時はライバル団体と見ているので「全日本はもっと突き放さないと」っていう思いもあって。当時を振り返ると、天山さんとは団体の垣根を越えて組む機会も少なくなかったですけど、とくに新日本についてネガティヴなことは私には言ってこなかったですね。そこはプライドだったのかも知れないし、コッチが信用されてなかったかも知れないし（笑）。一つ言えるのは、第三世代のほかの3人だったら、どんな苦境でも踏ん張ってくれるんじゃないかとは思ってました。

――「もし、自分があのときに新日本を辞めなかったら」と考えたことは？

小島　それはよくありましたよ。真輔とか（後藤）洋央紀とか、私が辞めてからデビューした選手たちが徐々に頭角を現し、それを天山さんたちが迎え撃っているのを見て「あの戦いの輪に自分がいたら、どうなってたんだろ？」っていうのは思いましたね。とくに衝撃だったのが、天山さんがまだ若手だった真輔に腕ひしぎ逆十字で負けてＩＷＧＰヘビーを落としたことで。あと、永田さんや中西さんが格闘技の試合に臨んでるのを見て、思うところはありましたね。結果がどうこうよりも「これは本人たちが本当にやりたいことなのかな？　本心が知りたいな」って。時代の波に翻弄されつつも、ずっとプロレスを続ける姿は尊敬しかなかったですよ。若手の頃から切磋琢磨してる人たちには、いつもがんばってほしいって思ってましたね。

――その暗黒期の最中、07年の1・4ドームの開催危機もありましたが、全日本の協力のもと実施され、そのメインはテンコジタッグと武藤&蝶野組の一戦が飾りました。

小島 その時期はプロレスを盛り上げるために両団体が協力体制にあるという実感や、テンコジタッグとして初めてドームのメインに立つうれしさがありました。あの試合は橋本さんの追善の意味合いが強かったのも、いろいろ考えるものがあって。私は橋本さんの付き人をやってましたし、訃報を聞いたときはショックどころじゃなかったんですよね。葬儀のときに中学生の大地を見て、私は赤ちゃんの頃の彼しか知らなかったんで「こんなに大きくなったんだ。でも、まだ若いのにお父さんを亡くしたのか」っていう切なさがあって。いま、大地が大日本プロレスで活躍してるのを聞くと、ホントによかったなって思います。

――00年代は新日本の暗黒期がよく取り沙汰されますが、全日本は全日本で大変だったそうですね？

小島 実際はそうなんですよね（苦笑）。天龍さんや川田さん、カシン選手とか退団する選手もいましたし。ただ、リングの中は充実してる印象があったんですよ。ブードゥー・マー

07年にはテンコジタッグとして1.4東京ドームのメインに初出陣。武藤敬司&蝶野正洋組と接戦を展開した。

ダーズをはじめ、個性的なユニットが揃っていて、昔ながらのプロレスというか。まあ、いまでも僕のブードゥー入りだけは失敗だったとか言われるんですけど、個人的にはヒールを経験したのは、相手だけじゃなくお客さんを煽るという部分でも大きかったことなんで。新日本のほうが暗黒期とはいえ、大きな大会を開催してましたけど、全日本も盛り上がってたと思います。当時、健介ファミリーと戦うのも充実感がありましたし。

——新日本時代に第三世代の壁として健介選手が立ちはだかっていた頃は、小島選手もかなり感情をむき出しに戦ってましたよね。

小島　当時は私たちの一番の壁が健介さんで、あの人は闘魂三銃士とはまた違うというか、若手時代のコーチでより身近でしたし、お互いに意地をガンガンぶつけられる存在だったと思います。コッチはただがむしゃらで、東京ドームで健介さんとシングルやったとき（01年1月4日）、自分のトペ（・スイシーダ）でケガしたりしてましたから（苦笑）。もしかしたら新日本と全日本での健介さんとの試合を見比べたら、私のファイトスタイルの変化が一番わかりやすいのかもしれないですね。

——そして、小島選手は10年5月に、約8年間に渡って在籍した全日本を退団するわけですが、その一番の理由というと？

小島　一言で表すと、武藤さんからの卒業、ですね。自分なりに全日本でやれることはやれたのかな、と。浜（亮太）に三冠戦で負けてベルトを明け渡したときに（10年3月21日・両国国技館）、重荷を下ろしたっていう安堵感や残念な気持ちとか、いろいろな感情が渦巻いたんですよ。行き詰まりを感じたり、自分への憤りが出てきたり……。全日本に残る選択肢もあったとは思うんですけど。

――そもそも、退団はいつ頃から意識してたんですか？

小島　10年に入ったあたりから、少しずつ考えるようになりました。いまだから言えますけど、その前あたりから武藤さんともギクシャクしてきて。全日本も大変な時期でしたし、その中で武藤さんは社長、コッチはいちプレイヤーという立場で距離感ができてしまったというか……。こういう言い方をすると「お金の問題か」って思われそうですけど（苦笑）。でも、お金よりも「もっと、自分が全日本のためにできることはないかな？」って本当に思ってたんです。ただ、あの時期の武藤さんも小島の扱いに困ってたのかもしれないし、なかなか話の折り合いがつかなくて、契約更改のときに武藤さんに切り出して。武藤さんは驚かれて「オメー、大丈夫かよ？　フリーとしてやってくんだったら、ウチに上がってもべつにいいんだぞ」って心配してもらえたんですけど、「とりあえず、いまは『G1』に挑戦しようと思ってます」って伝えたんです。

――小島選手は10年の『G1』に参戦しますが、そのときは新日本への再入団というのも頭に？

小島　いや、それはこれっぽっちも。この『G1』をきっかけに、フリーとしてほかのリングにも上がれればというのもありましたし、もしあそこで優勝できてなければ、また全然違ったプロレス人生になってたかもしれないと思います。ホントはあの『G1』のとき、左ヒジの手術をしたばかりで担当医の方からも「あと1～2カ月休んだほうがいい」って言われてたんですよね。でも、「このタイミングは逃せないな」って思いましたし、ちゃんと結果を残せたからこそ、そのあとの継続参戦につながったのかな、と。

――全日本の退団時には所属選手からさまざまな反応があり、とくに諏訪魔選手からは「逆境から逃げた」と口撃されましたね。

小島　諏訪魔には相当言われましたけど、何かを起こすときは波紋が広がるもので、それは新日本を辞めるときにも経験していたので。諏訪魔も全日本での立場的に、あのときは「俺が何か言わないと」っていうのもあったでしょうし。もし、そこで私が言い返したところで、何も発展性はなかったと思うんですよね。それにまたリングで会えば、その感情をお互いぶつけることもできるというか。実際、のちに対戦したときに諏訪魔の攻撃はかなり気持ちが込もってましたから（苦笑）。あの当時の全日本にいたメンバーで、いまも残ってるのって渕さん以外だと諏訪魔だけなんですよね。それは彼がブレてない何よりの証明だなって思います。

――第三世代で一番穏やかそうな小島選手が、結果的に所属団体を二度辞めてるというのも、少し意外というか。

小島　たしかにそうですね、リング外での争いごとは好きじゃないって公言してるんですけど……。妙に頑固なところもあるんですよ、いつもは自動販売機でジュースを買うのに5分悩むくらい優柔不断のクセに（苦笑）。

“故郷”新日本に再入団

――そして、10年の『G1』にフリーとして参戦した小島選手は、優勝進出決定戦で棚橋選手を下し、初優勝を飾りました。新日本の所属外の『G1』制覇は、このときが歴代唯一となります。

小島　あのときは左ヒジのケガもあったので、痛み止めを飲んでテーピングをガッチリして、「ここで結果を残さないと、自分の居場所はなくなる！」という思いで、かなり気合いが入ってました。タナや真輔、真壁に洋央紀と、自分が退団したときとトップ戦線にいる選手が様変わりしていたので、とにかく必死でしたね。その中でも棚橋弘至というのは、本当にすばらしいレスラーになったんだなと実感しました。当時からリング外でも忙しく動き回っているのにあれだけの身体を維持し、誰とでもいい試合をするのは、ただただ尊敬というか。そもそも、私はタナが入門してきたとき、そのマッチョな肉体にかなりカルチャーショックを受けたクチなんですよ。自分が見たことがない筋肉の付き方をしてたので、「この新人が成長したら凄いことになるぞ」っていう直感はあって。あと、真壁の変化にも驚いたんですよね。

――どのあたりにそれを感じましたか？

小島　本隊サイドで凄くリーダーシップを発揮していて、若い選手に試合のアドバイスを送ってる姿なんかは、私が若手時代の長州さんにもダブッて見えて。若い頃の真壁の印象としては、いつも凄くニコニコしてたんですよね。いまじゃ想像もつかないんですけど、先輩たちからいじられキャラだったというか、色んな意味でかわいがられていて（苦笑）。私は『G1』で優勝したあと、真壁からIWGPヘビーを奪取するんですけど（10年10月11日・両国国技館）、彼は出戻りの小島聡に対して、かなり敵意をムキ出しにしてきましたね。新日本をずっと支えてきたというプライドを感じました。

――小島選手はフリーとして1年に渡り新日本に参戦したのち、11年9月に新日本に再入団することになりますが、そのきっかけは？

10年の『G1』優勝決定戦で、エースである棚橋弘至をラリアットで撃沈。史上初の外敵優勝を達成した。

小島　一番は菅林（直樹＝新日本プロレス会長）さんに声を掛けてもらったことです。その年の『G1』の天山戦で、眼窩低骨折で2カ月くらい欠場したんですよ。で、復帰が10月に決まり「また、イチからがんばっていこう！」っていうタイミングで、菅林さんから誘ってもらって。必要とされることがうれしかったですね。コッチとしても1年間、新日本で戦ってきて「よし、やっていけるな」っていうイメージも湧いていて。もし、これが全日本を辞めてすぐにそういう話をもらったとしても、躊躇した部分はあったかも知れないので。

――以前の所属時と比べて、何か変化は感じました？

小島　辞めた頃に比べるとチームワークというか、みんなで一丸になって団体を盛り上げようという空気を凄く感じました。やはり新日本のレスラーは洗練されてると思ったし、懐かしさと新しさが混在した気持ちというか。あと、全日本で私の付き人だった本間（朋晃）と久しぶりに会って、相変わらず癒されるというか、少し間が抜けてるところが、昔の自分に似てるなって思いました（笑）。でも、私の再入団に対して、真壁みたいに大半の選手は「オレたちががんばってきた場所に、またノコノコ戻ってきやがって！」っておもしろくはなかったでしょうね。そこは第三世代の面々含めて。きっと、誰より不愉快だったのは天山さんだったと思います（苦笑）。

――テンコジが再結成に至るまでにまたいろいろありましたよね。小島選手のアプローチに対して天山選手が固かったというか、当時は「どういう経緯で新日本を辞めたかオレは知ってる、アイツには表裏がある！」とかなり赤裸々で（苦笑）。

小島　もう、ボロカスでしたよねえ。天山さんからすると、彼がケガで長期欠場してドン底だった時期に、私は『G1』に優勝してIWGPヘビーも獲ってたんで、かなりイラついたと思います。そういうのも含めて、あの人の真っ直ぐな人間性を感じるというか。結果的にまた二人で組むようになっていまに至るわけですけど、10年代に入ってプロレスの攻防も進化してた時期だったので、「新しいテンコジを見せよう」と二人で頭を使いましたね。

――ちなみに天山選手は「再入団してからのコジは、コッチに凄く気を使ってる」とおっしゃってました（笑）。

小島　ハッハッハ！　出戻りの後ろめたさみたいなことですかね？（苦笑）。いや、それよりは第三世代もアラフィフと呼ばれる年になったし、コンディションの心配という感じなんですけどね。各々が大きなケガをして、それでもリングに立っている状況なので、仲間として気にかかるというか。一昔前に比べて、ちょっと変わった動きをする選手も増えたので、そこに対応しなければいけないし、自分の抱えてるケガとどう向き合うか。そのあたりは強く意識してます。

――これは中西さんのご意見ですが「小島選手は新日本に帰ってきて、前よりトレーニングをするようになった」と（笑）。

小島　エエッ？　してないイメージでもあったのかな？（苦笑）。いや、単純に練習方法が変わったんですよね。昔はガンガン食べて、ガンガン鍛えていう感じだったのが、有酸素運動を取り入れて肉体改造に着手して。全日本に移籍してから、道場の練習以外に専門のジムにも通うようになったんですけど、それは武藤さんの影響が大きいですね。でも、時代の流れというか、いまの新日本の選手もアスリートに近い肉体作りをしてる選手が多くて、そのあたりも前に所属していた頃と変わったなって思いました。

個性的な後輩たち

――小島選手の再入団から4カ月後の12年1月、新日本はブシロード体制となりましたね。

小島　私の場合は再入団して間もなかったときで、新日本の存続が危ないと言われた時期を体感してないので、いまいちピンとは来なかったんですよね。新日本に戻ってきた時点で会場は盛り上がってましたし。ただ、「さらに上昇気流に乗ることができればいいな」と思いました。オカダ（・カズチカ）とか内藤（哲也）とか、若い選手がトップに食い込んできてたので。

――オカダ選手はブシロード体制の象徴というか、12年の1・4東京ドームで凱旋を果たすと、翌月にはＩＷＧＰヘビーを棚橋選手から奪取し、一躍スターダムへとのし上がりました。現段階で第三世代がＩＷＧＰヘビー級王座戦に臨んだのは、13年9月に小島選手がオカダ選手に挑んだのが最後となります。

小島　そのときは直前の『Ｇ１』公式戦でオカダに勝って、チャンスをつかんだんですよね。いやもう、オカダは時代の寵児というか、自分とまったく接点のなかった選手が瞬く間に駆け上がっていったのは新鮮でしたよ。彼が一番優れてるのは、あの頑丈さだと思います。背が高いからスラッと見られやすいですけど、実際はパーツもゴツいですし。そうか、オカダとのＩＷＧＰヘビーはもう7年近く前なんですね。シングルのベルトだと、このあとＮＥＶＥＲにも挑戦してますね。

――16年2月に第三世代と当時ＮＥＶＥＲ無差別級王者だった柴田勝頼選手との抗争が勃発し、小島選手は3月19日の愛知県体育館大会のメインで柴田選手と対峙しました。

小島　負けましたけど、気持ちいいくらいの真っ向勝負ができたと思います。勝頼とは彼が入門した当初、仲よかったんですよ。その頃は凄く素直で、高校出たてだからまだ少年っぽさが残ってて。コッチは「カッちゃん！」って呼んで、私が寮にある彼のベッドを占領して、よく二人でくっちゃべったりしましたね。もしかしたらウザい先輩だと思われてたかもしれ

2016年には柴田勝頼とのNEVER王座戦に惜敗。試合後のバックステージでは「柴田、こんなんで勝ったと思ってんじゃねえぞ、俺はあきらめない」と闘志を見せた。

ないですけど（苦笑）。

――柴田選手は05年に新日本を退団しますが、そのあとも小島選手とは接点がありましたね。

小島　そうですね、ビッグマウス・ラウドという団体でシングルをやったときは、切れたナイフみたいな彼に、かろうじて私が勝って。その後、勝頼は総合格闘技に挑んで、どんどん研ぎ澄まされていったというか。ただ、自分の中では18歳の勝頼の、優しい笑顔が一番印象に残っていて。きっと、NEVERを賭けて抗争したときも、彼は決起した私たちに何か思うものがあって、リングで受け止めてくれた気がしますね。

――現在、新日本で活躍する選手は、小島選手にとってはアニマル浜口ジムの後輩が多いですよね。

小島　そうなんですよ、内藤をはじめ、本間やYOSHI-HASHI、BUSHIやEVIL。引退した井上亘くんも浜口ジムで。いまや内藤が浜口ジムの一番の出世頭でしょうね。本隊時代の彼はとにかく優しい男で、ファンに書くサイン一つ取っても凄く丁寧で。ファンの気持ちがわかるんでしょうね、内藤自身が超のつくほどの熱狂的な新日本ファンだったから。

――内藤選手はファン時代に新日本のレスラーのフィギュアを集めていて、武藤選手や小島選手が退団したときは、すかさず処分したそうです（苦笑）。

小島　その話、本人に聞いたことあります（笑）。そういえば、私がブル・パワーズのときに一度しか着なかった中西さんとのお揃いのコスチュームを、なぜか内藤が持ってるんですよね。たぶん、私が浜口ジムの忘年会でビンゴ用の景品に出したのを浜口さんの奥さんが当てて、内藤が譲り受けたみたいで。ファン時代にそれを着て筋トレをしてたって聞きました（笑）。

――新日本の所属選手も一昔前と比べると他団体出身の選手が増えました。本間選手やタイチ選手、SANADA選手やBUSHI選手は、小島選手と同時期に全日本に上がっていましたね。

小島　本間は昔から愛嬌がある男で、意外とって言ったらアレですけどプロレスに関しては頭がいいというか。ただ、まさかあんなにバラエティ番組で活躍するようになると思わなかったです。タイチはコッチが全日本に移籍した年にデビューして、わりと仲はよかったんですよ。いまはヘビーに転向して、いい試合を連発してるのは単純に凄いと思いますし、いくら彼がコッチをディスっても嫌いになれないというか（笑）。SANADAのことは、彼が食事の席でお酒じゃなくジュースを飲んでた十代の頃から知っていて。当時から非凡なものは感じてたので、いまの活躍は納得がいきますね。当時のSANADAの雰囲気に、若手の上村優也がソックリなんですよ。BUSHIに関しては、いろんな意味でプロレスラーになるために生まれてきた男というか、昔から目立つことが好きでしたね。

――かつての後輩と新日本で再会するのは不思議なものは感じますか？

小島　そうですね。みんな、こうして新日本に上がってるのを見ると、やっぱりプロレスってめぐり合わせなんだなと思います。それと同時に各々が新日本に順応できる力があるというか。それに対して生え抜きの選手たちも意地があるから、リング上がさらに過熱するんでしょうね。

〝盟友〟天山への感謝

――小島選手が新日本に再入団して以降のテンコジのストーリーの中で、16年の『G1』の際に自身の出場権を、エントリーされなかった天山選手に譲渡した一件は話題を呼びました。

小島　あれは賛否両論でしたね。でも、私は譲ってよかったなって思ってます。いまだにファンの人にあのときのことを言われますし、それだけインパクトを残したということなので。当時は「そんな簡単に譲れるものなのか？　『G1』の価値が下がる」とか「失望した、あの舞台に出る気がないならプロレスやめちまえ」とかさんざん言われて、「俺は間違ったことをしたのかな？」って思ったりもしたんですけど、最後は自分で決めたことなのでまった

2016年7月3日に岩手産業文化センターアピオでNEVER6人タッグを戴冠。その試合後、天山広吉に『G1』出場権を譲渡し、「必ず優勝して帰ってこい!」とエール。

く後悔はないです。

――あの決断というのは、天山選手への思いということでしょうか?

小島　そうです、それだけですね。これはもう二人にしかわからないというか、私にしかわからないものだと思います。いろいろ批判されるのは覚悟してましたし、何より「最後の『G1』にしたい」っていう天山さんの気持ちに応えたくて。本当に葛藤も何もなく、感情の赴くまま、天山さんにバトンを渡しました。いま思うと、私もキャリアで紆余曲折ありましたけど、また新日本で自分と組んでくれた天山さんへの感謝、そして新日本プロレスへの感謝が大きかったんだと思います。テンコジタッグっていうのは、あの人の器のデカさの上に成り立ってると思ってます。

――17年の3月6日の大田区総合体育館大会では天山選手と共に矢野通&石井智宏組からIWGPタッグを奪取しました。あのときは当初、真壁&本間組が挑戦予定でしたが、直前の3月4日の沖縄大会で本間選手が頚椎を損傷したため、代打としてチャンスが舞い込み、4年ぶりにベルトを奪取。テンコジタッグとして同王座の最多戴冠記録6回を成し遂げました。

小島　そのときは記録のことよりも、身近な存在である本間が大ケガをしてしまったという経緯もあったので、彼を勇気づけるためにもベルトを取りたいという気持ちが強かったですね。第三世代も少しずつ自分たちの立ち位置が変わり、近年は大会の前半で若手を相手にする機会も多くなりましたけど、どんなときでも大一番に臨めるように練習をしているので。

――チャンスをつかむ準備はできている、と。

小島　いまの新日本は新陳代謝が早いですけど、やっぱり新日本プロレスという壮大な闘いの中で、誰の印象にも残るようなレスラーでいたいですね。もちろん、主役でありたいと思ってますけど、プロレスはそれだけが大事な部分じゃないというか、脇を固める位置であれ、常に必要とされる人間でいたいし、ファンに一目置かれる存在でいたい。そして、自分にはそれができると思っているので。

――近年は第三世代の中でも、小島選手はシングルでテーマ性の高い試合に出陣している印象はあります。毎年恒例の『FANTASTICA　MANIA』では大物ルチャドールと一騎打ちを果たし、昨年6月9日の大阪城ホール大会では階級越えを目論む鷹木信悟選手と接戦を繰り広げました。

小島　鷹木選手との試合は強く印象に残ってます。彼には「実力のみでのし上がってきたな」っていうイメージがあって。とくに特別扱いを受けたわけではなく、いい試合をこれでもかと連発して、ファンの支持を高めてきたというか。鷹木選手はレスラー間の評価も高いですし、あのパワーに目が行きがちですけど、むしろ緩急をつけた試合運びがすばらしいですね。マイクアピールも流暢で、トータルな意味でプロフェッショナルだなって。鷹木選手とは一

19年6月9日に鷹木信悟と熱闘を展開。敗れるも力強いファイトで健在ぶりを見せた。

度、彼がドラゴンゲートに所属していた頃にタッグマッチで対戦したことがあるんですよ。

――15年5月10日のアイメッセ山梨大会ですね。

小島　その前年に、鷹木選手から「いつか小島選手と試合がしたいです」と言ってもらって、その彼の地元凱旋興行のときに私を対戦相手に指名してくれて。それもあって、新日本でシングルをやるのは感慨深いものがありました。このときの鷹木戦のように壁として立ちはだかって、結果的に乗り越えられてしまうのは悔しいですけど、そういう役割を務められるのも、自分が積み重ねてきたものがあるからだと思うので。常に前を向いていたいですね。

プロレスとツイッター

――小島選手が最後に『G1』に出場したのは、天山選手に出場権を譲渡した翌年の17年となります。

小島　でも、『G1』に関しては自分の場合、天山さんや永田さんみたいに「これで最後」っていうのは宣言してないんですよ。また、チャンスがあれば出たいですし。ただ、これだけのキャリアになると『G1』だけがプロレスじゃないっていうのを理解してるし、身体が痛くてもファンの声援があれば自分を奮い立たせることができるので。もしかしたらいまが一番、ファンの応援がモチベーションになってるかもしれないですね。見られてる意識があるからこそ、トレーニングも続けられますし。

――そのあたりは小島選手が所属選手の誰よりも、腕が太いあたりからもうかがいしれるというか（笑）。

小島　一応、セールスポイントなので意識して鍛えてます（笑）。もちろん、いつまで現役を続けられるかっていう不安も抱えてはいますけどね。18年にヒザをケガして8カ月くらい、リングから離れましたけど、このキャリアで長期欠場になるとかなり落ち込みますし。そういう弱い気持ちと、立ち上がる強い気持ちが、いまは交互に押し寄せてくるというか、その繰り返しですよね。

――ファンからの応援という部分では、現在はSNSでメッセージが寄せられると思いますが、小島選手がツイッターでプロレスに対する思いを記すたび、反響も多いのでは？

小島　そこは周りに「さらけ出しすぎだろ」って突っ込まれたりもするんですけどね（苦笑）。私は人間として弱い部分も平気で書いてしまうので、「それはプロレスラー的にどうなんだ？」っていう指摘も多々あって。ただ、人間性は変えられないというか、私は自分自身の思ってることを伝えたいっていう願望が強いんでしょうね。ツイッターでいろんな反応もありますけど、自分は批判と誹謗は全然違うものだと思ってるので、理路整然としたものであれば「ありがたい意見だな」って受け止めてます。2ちゃんねるに悩んでた頃とは違って（笑）。いまはネットに私のことを書いてくれるだけで「まだ話題にしてくれるんだ」って感謝してますね。

――小島選手は長州さんや中邑選手に、ツイッターで自分について触れるようにお願いされたそうで（笑）。

小島　いやあ、やはり影響力のある人に絡みたいっていうか、結果的にどちらにも「小島に頼まれた」って、からかわれちゃったんですけど（苦笑）。とくに長州さんはそのつぶやきがヤフーニュースで扱われるくらいに注目を集めてたので、たまたまお会いしたときに「言うならいましかない！」と思って「なんでトランプ大統領しかフォローしてないんですか？僕もしていただけないですか？」ってお願いしたら、「イヤだ！　なんでオレがオマエを？」って無下もなく断られて（笑）。ホント、あの怖い長州さんがＳＮＳをやる姿なんて想像できなかったですし、それを多くの人に受け入れられてるのは、やはりこれまで成し遂げてきたことがあるからなんでしょうね。

――現在、小島選手は『プロレスリング・マスターズ』に参戦する機会もありますが、長州さんのようにかつて一時代を築いてきた選手たちを、どのようにご覧になっていますか？

小島　長州さんにしろ、武藤さんや蝶野さん、みなさんやはり年齢を重ねて丸くなったなって思いますよ。トップを獲るために殺伐としていた時期を経て、現在の自分のキャラクターが確立したというか。そこは人間性の幅の広さだと思いますし。あんなに厳しかった健介さんがバラエティ番組で笑顔を振りまくなんて、若手時代からは考えられないですよ（笑）。ああいう先輩方を見ていると、プロレスラーとして第一線ではないですけど、もはや〝職業・長州力〟や〝職業・武藤敬司〟みたいな感じなんでしょうね。そこまで、まだまだ自分はたどり着いていないので、身体が動くうちはリング上でもっともっと表現していきたいなって思います。

——リング上の活動とは別に、18年7月からは第三世代の面々が、一般の方々のトレーニングのコーチを務める『The Third Generation Club』（TTGC）もスタートしました。

小島　やっぱり、レスラーのセカンドキャリアっていうものを考えるようになりましたよね。おそらく会社もそこを念頭に、初めての試みとしてスタートしたんだと思います。いま、団体が盛り上がってるからこそ、できることというか。この先、TTGCが大きなものになれば、いろんな可能性も広がるでしょうし。もし、自分が若ければ抵抗を感じてたかも知れないですけど、いまは前向きに捉えることができるので。

——スタート当初は試行錯誤された部分も？

TTGCではその人柄を表すように、会員に寄り添った親切な指導を心がけている。

小島　そこはいまも試行錯誤はしてますね（苦笑）。もともと、トレーナーの資格を持ってたり、誰かに何かを教えたりしたことがなかったので。とはいえ、自分がプロレスを通して得た知識を使って、身体を動かす楽しさを少しでも伝えられればという気持ちで取り組んでます。基本はとにかく仲よく楽しくっていう感じですね。ほかの第三世代の面々がどんなふうに指導をしてるのかも気にはなりますし、天山さんが生徒さんと同じメニューをこなしてるって聞いたときは「天山さんらしいな」って思いました（笑）。

レスラーである喜び

――今年の2月22日の後楽園大会では、同じ第三世代の中西学さんが引退しました。小島選手はどのように受け止めましたか？

小島　同世代なので自分と重ね合わせる部分がありました。「あ、もう自分はそういうキャリアになってるんだな」って思いましたし、寂しさや切なさを感じつつ、何かと考えさせられたというか。中西さんはいまでも凄い肉体とパワーなので、なかなか引退の二文字と結びつかなかったですね。食欲があるのも元気な証拠ですし（笑）。でも、いろんなことを考えた上で決断したんでしょうし、最後は仲間として温かく見送らないとって思いました。

――引退試合のあと、第三世代が揃ってバックステージでコメントする中、小島選手が「中西さんと本当に仲よくなったのは、5年くらい前から」と発言すると、他の3人が笑っていましたね（苦笑）。

小島　永田さんに「なんだ、ソレ！」ってツッコまれて（苦笑）。やっぱり『中西ランド』（インターネットテレビのテレ朝動画で配信していた中西が主役の番組）にちょくちょく呼んでもらえるようになってから、距離が縮まった気がします。二人でＩＷＧＰタッグを巻いたこともありましたけど、基本的にはリング上で長い期間、敵対関係だったので。私が新日本に再入団した頃に、中西さんは首をケガされて長期欠場に入ったんですけど、復帰以降に接する機会が多くなり、「こういう人だったんだな」っていうのをあらためて知ったというか。

――小島選手から見て、中西さんはどのような人柄ですか？

小島　とにかくお人好しで、優しい人だなって思います。中西さんの引退試合のときにリング上で言わせてもらったんですけど、本当に試合以外で怒ったところを見たことがなくて。中西さんはファイトスタイルから豪快なイメージを持たれるかもしれないですけど、几帳面な部分や繊細なところもあって、若手時代から洗濯物のたたみかたも凄くキレイだったし、いまもホテルのバイキングでたくさんの食べ物をおいしそうに盛り付けてるところからも、そういう性格が伺えるというか。きっと、11年に首を大ケガされてから、たくさん悩まれた

ZAMST

リングに別れを告げる中西学に「これからもずっと力が強くて優しくて、そんな中西さんでいてください」と涙ながらにメッセージ。

と思いますし、性格もさらに温厚になったのかなという気はしますね。

――中西さんの長期欠場時、小島選手はまだフリーの外敵という立場でしたが、お見舞いに行かれたそうですね。

小島　はい、実はコッソリと。そのときは中西さんのあまりの変貌ぶりにショックでしたね、やつれて背中も丸まってしまって……。中西さんが復帰したときに「よく、ここまで身体を戻せたよね」「いやあ、オレにはプロレスしかないから」っていう会話をしたのを覚えてます。復帰した中西さんを見てると、受身を取るにしろ、身体が自分の意思どおりに動いてないのがわかるんですよね。それは本人が一番歯がゆさを感じていて、試合後にいつも「すみません、しょっぱくて」って謝ってくるんですけど、「いや、それは中西さんのせいじゃないから。ちゃんと受身を取ろうとしてるのはわかってるから」って声を掛けて。

――励まされていたわけですね。

小島　一時期は首から下の感覚がなくなったわけで、その辛さは経験しないとわからないじゃないですか？　復帰以前に、日常生活にだって支障が残るかもしれないというところから這い上がって、プロレスラー生活を全うしたという事実は本当に凄いことだなって思います。引退試合までの最後の後楽園4連戦では、第三世代の4人が組んでいまの新日本の第一線の選手たちと戦いましたけど、そこに新日本プロレスの心意気も感じましたし、最後までみんなで突っ走ろうと思いました。あのときの中西さんの戦いぶりは凄かったですね！

――持てる技をフルに発揮していましたね。

小島　側で見ていると毎日感情を揺さぶられて、あふれるものを押さえるのに大変でした。結局、引退セレモニーでは耐え切れなかったですけど（苦笑）。首をケガされてからの中西さんが、ファンの声援と自分の精神力であそこまでがんばったという事実を、同じ世代の仲間として心に強く留めたいですね。その引退試合で4人揃った姿が『週刊プロレス』の表紙になったのを見たときは、第三世代がやってきたことを評価してもらえてるんだなってうれしかったです。

――後楽園4連戦では第三世代全体への声援が凄かったですね。そこはファンと培ってきた信頼関係というか。

小島　最近は地方巡業でも、ファンがありがたみを感じてくれてるのが伝わってくるんですよ。試合数が絞られて、レア感も出てきてるのか（苦笑）。いまの新日本は新しいファン層を開拓してると思いますけど、プロレスって長く見ている方が多くて、私たちをデビュー当時から知ってたりするんですよね。そうすると、それだけのメモリーを共有してるわけで、キャリアを重ねるとファンの存在が本当にありがたく思えて。もちろん、いまのファンに「応援してます！」って言われると、「新たにプロレスを好きになってくれた人にも、伝わるものがあるんだな」ってうれしくなりますし。

――ベテランではありますが、小島選手からは若々しさも伝わってきます（笑）。

小島　やっぱり見られる仕事なので、ちょっと意識はしますよね（笑）。幸いなことにコンディションを維持すること自体が仕事なので。とは言え、プロレスラーにとって引退というのは誰しもが通らなければいけない道ではあり、私だけじゃなく家族も〝プロレスラー小島聡〟の近い将来というものを、いろんな意味で考えたりしてるでしょうし。いま、このキャリアになって余計に実感するんですけど、プロレスラーって本当に特殊な職業だなって思うんですよ。ケガとかで20代で引退する人もいれば、60～70代でもリングに上がるレジェンドと呼ばれるような方々もいて。

――ほかのスポーツと比べるとたしかに特殊ですね。だからこそ、レスラー一人一人がプロレスを通して、さまざまな表現方法があるというか。

小島　本当にそう思いますね、長州さんの独特なツイッターじゃないですけど（笑）。試合だけはなく、ファンにいろんな姿を見てもらえるという意味では、自分にとって天職なのかなって思います。プロレスラーになってからの時間は尊いものだし、それをまだまだ持続させたいというか。あと、どのくらいプロレスラー生活を続けていくのか、こればかりは本当にわからないですけど、どんな形であれ、願わくばプロレスにはずっと携わっていきたいと思いますね。

――今回の取材で、ほかの第三世代のお三方が強調されていたのが「小島聡は世渡りがうまい」と（笑）。

小島　ハハハハ！　それはねえ、いつも言われるんですよ（苦笑）。私が新日本が苦しいとき、そこにいなかったっていうのが、ほかの3人には絶対にあるんでしょうね。3人というか、苦しい時代を経験したレスラーたちの中には「小島は辛い時期をうまく切り抜けた」っていう。でも、自分の中では世渡り上手なんて意識はまったくなくて、正直なところ、外は外で大変な目にも遇いましたし。でも、「私だってこんな苦労したんだよ？」なんて言うのもアレなので、そこは粛々と受け止めつつ（笑）。最初、新日本に10年、次に全日本に8年、そしてまた新日本で9年目ですけど、こういうキャリアを歩んだレスラーも前例がないですよね。それも必要としてもらえてるからだって前向きに捉えながら、いまはプロレスラーである喜びを昔以上に、常に噛み締めて自分ができることをやっていきたいですね。

	12月◆プロレス大賞で天山と共に最優秀タッグチーム賞を授賞。
2001（平成13年）	2月4日◆北海道立で中西&西村修組を下してIWGPタッグ防衛。
	6月29日◆後楽園で中西&吉江豊組を下してIWGPタッグ防衛。
	9月23日◆なみはやドームで藤波&西村組に敗れIWGPタッグ陥落。
	12月11日◆大阪府立体育会館で天山と共に『G1タッグリーグ』優勝。
2002（平成14年）	1月24日◆新日本所属のラストマッチとして天山と組み、健介&西村組に勝利。
	2月9日◆全日本プロレスの後楽園でリング上から武藤、ケンドー・カシンと共に所信表明。2月26日に入団会見が行なわれる。
	7月17日◆大阪府立で三冠ヘビーに初挑戦するも王者・天龍に敗北。
	12月6日◆武道館で太陽ケアと共に大谷晋二郎&田中将斗組を下して『世界最強タッグ決定リーグ戦』優勝。同時に世界タッグ王座も初戴冠するが、ケアの長期欠場によりのちに返上。
2003（平成15年）	1月4日◆新日本の東京ドームで一年ぶりにテンコジタッグを結成し、蝶野&中西組に勝利。
	3月28日◆北海道立での『チャンピオン・カーニバル』優勝決定戦で嵐を下して初優勝。
	6月13日◆愛知で橋本の三冠ヘビーに挑むも敗北。
	8月1日◆ZERO-ONEの後楽園での『火祭り』優勝決定戦で大谷を下して優勝。
	12月2日◆宮城県スポーツセンターでカズ・ハヤシと共にジャマール&ジャスティン・クレディブル組を下して『世界最強タッグ』優勝。
2004（平成16年）	1月18日◆大阪府立でカズと共に武藤&嵐組を下して世界タッグ戴冠。
	6月12日◆愛知で永田&カシン組に敗れ世界タッグ陥落。
	7月18日◆両国でプロレスリング・ノアの三沢光晴に敗北。
	12月11日◆新日本の大阪府立に参戦。天山との3年4カ月ぶりのシングルに臨むも30分時間切れ引き分け。
2005（平成17年）	2月16日◆代々木競技場第二体育館で川田利明を下して三冠ヘビー初戴冠。
	2月20日◆新日本の両国で三冠ヘビーを賭け、IWGPヘビー級王者の天山との史上初のダブルタイトルマッチに勝利。
	5月14日◆新日本の東京ドームで天山に敗れIWGPヘビー陥落。
	12月◆プロレス大賞で最優秀選手賞を受賞。

HISTORY OF SATOSHI KOJIMA

1991（平成3年）	7月16日◆帯広市総合体育館での山本広吉（現・天山広吉）戦でデビュー。
1994（平成6年）	3月24日◆京都府立体育館で中西学を下して『ヤングライオン杯』優勝。
	12月14日◆ヨーロッパ武者修行に出発。
1996（平成8年）	1月4日◆東京ドームの凱旋帰国試合で天山に敗北。
	6月11日◆広島サンプラザでIWGPヘビーに初挑戦するも王者・橋本真也に敗北。
	8月2日◆両国国技館で開幕した『G1 CLIMAX』に初出場。
	10月12日◆郡山セントラルホールで開幕した『SGタッグリーグ』に中西と共に出場。
1997（平成9年）	5月3日◆大阪ドームで中西と共に長州力&佐々木健介組を下してIWGPタッグ初戴冠。
	8月10日◆名古屋ドームで健介&山崎一夫組に敗れIWGPタッグ陥落。
1998（平成10年）	2月7日◆札幌中島体育センターで中西と共に蝶野正洋&武藤敬司組のIWGPタッグに挑むも敗北。
	8月8日◆大阪ドームの「永田裕志凱旋帰国試合」で、中西と組み永田&藤田和之組に勝利。
	10月18日◆神戸ワールド記念ホールで武藤の勧誘を受け、nWo JAPANに加入。
	12月6日◆愛知県体育館で武藤と共に藤波辰爾&橋本組を下して『SGタッグリーグ戦』優勝。
1999（平成11年）	1月4日◆東京ドームで天山と共に天龍源一郎&越中詩郎組を下してIWGPタッグ戴冠。
	2月5日◆札幌中島で中西&永田組を下してIWGPタッグ防衛。
	3月22日◆尼崎市記念公園総合体育館で健介&越中組に敗れIWGPタッグ陥落。
	7月20日◆札幌中島体育センターで武藤のIWGPヘビーに挑むも敗北。
	12月5日◆愛知で天山と共に中西&永田組のIWGPタッグに挑むも敗北。
2000（平成12年）	2月8日◆函館市民体育館で天山らと共にTEAM2000に合流。
	3月19日◆愛知で健介のIWGPヘビーに挑むも敗北。
	7月20日◆北海道立総合体育センターで天山と共に中西&永田組を下してIWGPタッグ戴冠。
	10月9日◆東京ドームで天山と共に中西&永田組を下してIWGPタッグ防衛。

	7月22日◆山形市総合スポーツセンターで天山と共に矢野&飯塚組を下してIWGPタッグ戴冠
	10月8日◆両国でランス・アーチャー&デイビーボーイ・スミスJr.組に敗れIWGPタッグ陥落。
2013(平成25年)	5月3日◆福岡国際センターで天山と共にIWGPタッグ4WAYマッチを制し王座戴冠。
	9月29日◆神戸ワールド記念ホールでオカダ・カズチカのIWGPヘビーに挑むも敗北。
	11月9日◆大阪府立でIWGPタッグを賭け、NWA世界タッグ王者のアーチャー&スミスJr.組、ロブ・コンウェイ&ジャックス・ダン組とのダブル選手権試合変則3WAYマッチに臨むも王座陥落。
2014(平成26年)	1月4日◆東京ドームでロブ・コンウェイを下してNWA世界ヘビー級王座を戴冠。
	4月6日◆両国で天山とコンウェイ&ダン組を下してNWA世界タッグ戴冠。
	6月2日◆ラスベガスでの「カリフラワーアレイクラブ・リユニオン」でコンウェイに敗れNWA世界ヘビー陥落。
	9月23日◆コンベックス岡山で永田&中西組を下してNWAタッグ防衛。
	10月13日◆両国でアーチャー&スミスJr.組に敗れNWAタッグ陥落。
2015(平成27年)	3月21日◆名古屋国際会議場イベントホールで天山のNWA世界ヘビーに挑むも敗北。
2016(平成28年)	3月19日◆愛知でNEVER無差別級王者の柴田に挑むも敗北。
	7月3日◆岩手産業文化センターでマット・サイダル&リコシェと共にケニー・オメガ&マット・ジャクソン&ニック・ジャクソン組を下してNEVER無差別級6人タッグ戴冠。試合後、天山に『G1』出場権を譲渡する。
	9月25日◆神戸でリコシェ&デビッド・フィンレーと共にアダム・コール&マット&ニック組とのNEVER6人タッグ新王者決定戦に勝利。
2017(平成29年)	1月4日◆東京ドームで4チーム参加のNEVER6人タッグガントレットマッチに敗れ王座陥落。
	3月6日◆大田区総合体育館で天山と共に矢野&石井組を下してIWGPタッグ王座戴冠。
	4月9日◆両国でレイモンド・ロウ&ハンソン組に敗れIWGPタッグ陥落。
2020(令和2年)	1月4日◆東京ドームで天山と共に永田&中西組に勝利。第三世代による最後のタッグ対決に。
	2月22日◆後楽園の中西学引退試合で、永田&天山&中西と組みオカダ&棚橋&後藤洋央紀&飯伏幸太組と対戦。

HISTORY OF SATOSHI KOJIMA

2006（平成20年）

7月3日◆大田区体育館でケアに敗れ三冠ヘビー陥落。

8月13日◆新日本の両国で『G1』優勝決定戦に臨むも、天山に敗北。

12月2日◆浜松市体育館で天山と共に諏訪魔&RO'Z組を下して『世界最強タッグ』優勝。

2007（平成19年）

1月4日◆東京ドームで天山と共に武藤&蝶野組に敗北。

6月◆ブードゥー・マーダーズへ加入。

8月26日◆両国でTARUと共に川田&ケア組を下して世界タッグ戴冠。

2008（平成20年）

1月3日◆後楽園で武藤&ジョー・ドーリング組に敗れ世界タッグ陥落。

7月8日◆新日本の後楽園でG・B・Hに袋叩きにされる天山を救出。

8月22日◆後楽園でブードゥー・マーダーズからリンチに遭うも天山、KAI、大和ヒロシが救出。KAIと大和ヒロシと新たなユニットF4を結成。

10月11日◆後楽園で天山と共に鈴木&ケアの世界タッグに挑むも敗北。

11月5日◆新日本の後楽園で天山と共に真壁&矢野組を下して『G1タッグ』優勝。

12月8日◆広島サンプラザホールで天山と共に諏訪魔&近藤修司組を下して『世界最強タッグ』優勝。

2009（平成21年）

9月26日◆横浜文化体育館で髙山善廣を下して三冠ヘビー戴冠。

10月12日◆両国での『蝶野正洋25周年特別興行』で、秋山&中西と組み蝶野&武藤&小橋建太組に敗北。

2010（平成22年）

3月21日◆両国で浜亮太に敗れ三冠ヘビー陥落。

5月31日◆全日本プロレスを退団。のちに『G1』参戦を表明。

8月15日◆『G1』優勝決定戦で棚橋を下してG1を初制覇。

10月11日◆両国で真壁を下してIWGPヘビー戴冠。

2011（平成23年）

1月4日◆東京ドームで棚橋に敗れIWGPヘビー陥落。

8月14日◆両国の『G1』公式戦で天山に敗北。以降、右眼眼窩底骨折で欠場へ。

9月19日◆神戸で新日本再入団を発表。復帰戦の相手として天山を指名し、抗争を繰り広げたのちテンコジタッグを復活。

12月14日◆後楽園での自身のデビュー20周年記念興行でカズと共に天山&FUNAKI組に勝利。

2012（平成24年）

1月4日◆東京ドームでジャイアント・バーナード&カール・アンダーソン組を下し、約10年ぶりにテンコジタッグとしてIWGPタッグ王座戴冠。

5月3日◆福岡国際センターで矢野&飯塚組に敗れIWGPタッグ陥落。

ブルージャスティス

永田裕志

YUJI NAGATA

永田裕志

YUJI NAGATA

1968年4月24日、千葉県東金市出身。日本体育大学レスリング部で数多くの好成績を残したのち、92年3月に新日本プロレス入門。同年9月14日、松江市総合体育館での山本広吉（現・天山広吉）戦でデビュー。01年に『G1 CLIMAX』優勝。02年4月5日に安田忠夫を下してIWGPヘビー初戴冠を果たすと、当時の最多防衛記録"V10"を樹立。得意技はバックドロップホールド、ナガタロックⅠ～Ⅳ。183cn、108kg。

アマレス三銃士の一角として、新人の頃から実力の片鱗を見せた永田。新日本プロレスを体現するような妥協なきファイトで、00年代前半はエースとして団体を牽引。その後も新世代の高き壁として君臨し、〝アンチエイジング〟を旗印に存在感を示してきた。数々の荒波を乗り越えてきた永田が激動の時代、そして自身のこれからについて口を開く。

燻りを感じた若手時代

――永田選手は92年の入門当初から、同世代の中ではかなり要領がよかったというお話を聞きますすね。

永田　それは元来持った性格もありますけど、やっぱり日体大で「一年生は奴隷、四年生は天皇」と言われた時代の体育会系を経験してるので、高校出で入った人たちよりは免疫があったんですよ。新日本の身近な先輩たちも、コッチに強く当たるのはどこか躊躇してるような気がしたし、我ながらわりと扱いづらい新弟子だったと思いますね。橋本（真也）さんや（獣神サンダー・）ライガーさんにこき使われたのは、俺なんかじゃなく天山（広吉）さんや西村（修）さんだったし。まあ、新弟子は私的な外出が禁止なのに、大学に出稽古に行ったついでに羽を伸ばしたら、あとで当時の選手会長だった蝶野（正洋）さんにお灸を据えられたこともありましたけどね。（アントニオ）猪木さんが練習に来たのに、補助役の若手が大谷（晋二郎）と高岩（竜一）しか残ってなかったから（苦笑）。あと、若手時代の俺は、後藤達俊さんに凄いかわいがってもらったんですよ。

――永田選手と同世代の方たちからは「後藤さんはきつかった」と聞くので、ちょっと意外ですね。

永田　そう、普通ありえないんです（笑）。後藤さんがよく行ってたパチンコ屋に日体大生が溜まってて、親しかったらしくて。それでコッチにも親近感を持ったのか、新弟子にも関わらず後藤さんが「オイ、パチンコ行こう」って連れ出してくれて、しかもパチンコの最中に「帰りたかったら、先戻っていいぞ」って気まで使ってもらって。当時、後藤さんたちは夜に道場で練習していて、本隊の先輩たちがいないときは、わりとリラックスした感じで話をさせてもらいましたね。

――あと、永田選手はあの長州力さんにもあまり怒られなかったとか？

永田　まあ、ほかの若手みたいに怒鳴られたりっていうのはなかったけど、付き人になる前は「身体がしょっぱい、動きにキレがない」とか言われましたよ。俺はデビューしてから2年の間に馳（浩）先生、藤波（辰爾）さん、武藤（敬司）さんの順に付き人をやって、そのあと95年から海外修行に出るまでの2年、長州さんに付いたんですけど。

――それは長州さんのご指名で？

永田　指名された理由はよくわかるんですよ。そもそも93～94年あたりは、わりと俺以外の若手のほうが抜擢されて、注目されることが多かったんですよね。自分としては「まあ、しょうがねえかな」と思いつつ、寝技を磨き、藤原（喜明）組長がシリーズに参戦するとキックを教わって。

――永田選手はデビューして一年くらいでレガースを付けてましたよね。

永田　あれは道場でサンドバッグを蹴っ飛ばしてたときに、寛水流空手出身の後藤さんが「蹴りを使うなら一シリーズはレガースなしで様子を見て、自分の足にダメージあるなら付けろ」ってアドバイスもらったんです。それでいざ付けてみたら、先輩たちからはけっこう白い目で見られましたね。長州さんには「あんなの付けると強く見えない」と言われ、当時の社長だった坂口（征二＝新日本の相談役）さんにも「いままでやってきたものがあるんだから、外した方がいい」って注意されて。

――レスリングというバックボーンを活かせ、と。

永田　でも、それを個性にするにも、すぐ横には五輪にまで出場した中西（学）さんがいたんで、自分の色を出すためにキックを身につけようと思って。そういう中で95年の1・4東京ドームで、金本（浩二）さんの凱旋帰国試合の相手を俺が務めたんですけど、キックを多用した試合をやったら、終わってから長州さんに「なんだ、あの試合は！」って（苦笑）。そのときに、長州さんが「コイツ、このまま走らせたらヤバい方向に行く」と思ったのか、「オマエ、次のシリーズから俺の付き人やれ」って言われたんです。

――レスラーとして軌道修正しよう、と（笑）。

永田　そうそう（笑）。たぶん、もともと俺が試合よりもそういう練習にハマっちゃってたのに、目を光らせてたんでしょうね。ただ、俺の場合は傾きすぎっていうのはありましたけど、当時の若手の試合について橋本さんやリングアナの（田中）ケロさんなんかが「派手な技に頼りすぎてる。基本に戻るべきだ」って言ってたんですよ。いつ勝敗が決まってもおかしくない、そういう殺伐とした戦いをしろ、と。でも、俺が地方の大会でケンドー・カシン（当時・石澤常光）と試合したとき、いまでいうナガタロックで唐突に試合が決まったのに、ケロさんが気づかないで終了のゴングを叩かず、そのまま試合を続行したことがあって（笑）。あとでケロさんには「永田、ゴメンな！」って謝られましたけど。まあ、当時の俺は若手の中では燻ってたほうですよ。大谷はジュニアでバリバリ活躍してたし、小島さんや中西さんはメインに出たりもしてましたから。

――でも、95年のＵＷＦインターナショナルとの対抗戦のとき、永田選手はその火蓋を切った9月23日の横浜アリーナ大会で長州さんのパートナーに抜擢されましたよね。当初、長州&X vs安生洋二&中野龍雄と発表され、そのXとして永田選手が姿を表すと、場内はどよめきと期待の入り混じった声に包まれて。

永田　同じ日に俺は第1試合で高岩と試合してましたからね。その大会直前、長州さんが猪苗代湖でトレーニングキャンプを張ったときに、「もしかしたらオマエを対抗戦に出すかもしれないから、そのつもりでいろ」とは言われてたんですよ。ただ、Xはヤッサン（安田忠夫）っていう噂も聞いてたし、俺は当日に別のカードが組まれたから「違うんだな」って思って。でも、高岩に勝って控え室に戻ったら、長州さんに「Xはオマエだよ」って肩を叩かれたんです。あのときは気合いが入りすぎて、試合開始のときに長州さんに「出ろ！」って指示されて、本当はコーナーの外に出ろって意味だったのに、「先発で出ろ！」ってことだと勘違いして飛び出しちゃって（笑）。結局、負けましたけど、長州さんに「今日の主役はオマエだ」って言われたのはうれしかったですね。猪木さんも「よくやったな。大したことねえだろ、アイツら」って労ってくれたんですけど、長州さんは「会長、そんなこと言わないでください。コイツ、図に乗るから」って（苦笑）。でも、猪木さんは「あれを褒めないで、いつ褒めんだよ」って言ってましたね。

——あの試合は、バックステージで当時WWF（現WWE）と勢力を二分した、アメリカの

歴史的なUインターとの対抗戦、その初陣で安生洋二と殺伐とした攻防を繰り広げた。

WCWのレスラーたちも興奮して観てたそうですね。

永田　なんか、安生選手のヒザ蹴りで俺の顔面が腫れたのを観て、ホーク・ウォリアーやスティーブ・リーガルが「俺がブチのめしてやる！」ってエキサイトしてたって聞きました。実際、退場したらWCW勢が待ってて「アー・ユー・オーケー？　グッドファイト！」って握手攻めにされて。その次に武藤さんと試合だったスティングまで労ってくれましたから。でも、そこで注目されたからといって、そのあとに上のカードで使われるということでもなかったんで「やっぱり、海外修行に出て凱旋帰国しないと現状は変わらないんだな」とは思いましたよ。

――べつの見方をすれば、まだ永田選手は温存されてたというか。

永田　いやあ、俺も24でこの世界に入ってたから、ちょっとアセりはありましたよ。95〜96年になると、先輩ですけど年下の天山さんや小島さんが凱旋帰国して、どんどん活躍してたんで。そもそも、俺が初めてメインに出たのも新日本じゃなく、WARの6人タッグですからね。たぶん、これは天龍（源一郎）さんのご指名だったと思うんですけど。ただ、長州さんの付き人になってからは、新日本以外に平成維震軍の興行にもよく出るようになって、場数を踏ませてもらってるっていう実感はありました。当時、よく齋藤彰俊さんとシングルが組まれたんですけど、姫路かどこかで負けたときに、わざわざ（ザ・グレート・）カブキさんが「今日はよかったよ。腕なら腕、ああいう試合を若いうちはやらなきゃダメだ」って褒めてくださって。そういうベテランの方の意見を聞きつつ、若手時代はいろんなことを吸収していく時期でしたね。

WCWでの武者修行

――若手の頃の同世代についてお伺わせてください。天山選手の印象はいかがですか？

永田　寮にいた頃はいろいろ教えてくれるよき先輩でしたけど、やっぱり「変わってるな」とは思いましたね。ブリーフ一丁で13～14時間、平気で寝るんですよ。あの人だけ実家から、でっかいブリーフが何枚も送られてきて（笑）。試合に関しては、若手の中で一番評価されてたのが天山さんでしたね。ドッシリと相手の技を真っ向から受け止めて、しっかりと説得力のある攻撃を返して。

――小島選手は当時の若手の中で女性人気が高かったんだとか？

永田　金本さんも人気あったけど、あの人もモテましたねえ。よく、道場近くの公衆電話を占領してましたから。一回、地方の女性ファンが道場まで小島さんを訪ねに来たとき、たまたま本人が向こうから違う女の子と歩いてきて、微妙な雰囲気になったのを見たことありますよ（笑）。まあ、小島さんは優しいからモテるのもわかるというか。昔、俺とカシンがシングルをやったあとに、ペイントの途中だったパワー・ウォリアー（佐々木健介）に「覇気がねえ！」っておもいっきりブン殴られたんですよ。それでショボくれてたら、コインランドリーで小島さんが「裕ちゃん、あれは期待されてるからだよ」って慰めてくれて。「そんなことねえだろ」と思いつつ、小島さんは自分が星野勘太郎さんに怒られたときの話を、星野さんのマネをしながら笑わせてくれて。そんな感じでケアしてくれる人でしたね。

——五輪出場の実績を引っ下げ、鳴り物入りで入団した中西さんについては？

永田　当時からハジけてました（笑）。中西さんが闘魂クラブに入って五輪を目指してる頃、コッチは新弟子だったんです。当時、中西さんは道場近くに住んでいて、23時頃になるとひょっこり来るんですよね。で、ちゃんこの残りをガーッと食って、食器を洗わずに帰るっていう（苦笑）。でも、俺はレスリングの実績で負けてる劣等感から文句も言えなくて。それをカシンに言ったら「アイツはバカか？　自分で洗え！」って怒ってましたけど（笑）。

——カシン選手と中西さんは犬猿の仲と言われてますが、永田選手から見ていかがですか？

永田　まあ、カシンが一方的に嫌ってるというか、性格的には正反対なんで交わりようがないですよね。中西さんって本当に悪気はないんですよ、ピュアで裏表もなくて。ただ、空気が読めないところがあって。先輩（中西）に関してはおもしろい話がいっぱいあるんですけど、書けない話も多いし、何より本人が気にするからなあ（苦笑）。ただ、資質は若手の中でもズバ抜けてたんで、「この人と張り合っていくのはしんどいな」って思ってました。

——少し意外なのが第三世代の天山選手、小島選手、中西さんは『ヤングライオン杯』で優勝しているのに、永田選手は準優勝止まりというところで。

永田 だから、海外修行に出るのも遅かったんですよね。一番早かった天山さんが95年の1・4ドームで帰ってきたときは「何コレ?」っていうくらいデカくなってて驚きましたよ。当時、狼群団（蝶野＆ヒロ斎藤＆天山）の試合が新鮮で、セコンドで楽しみながら観てたのを覚えてます。翌年のドームで小島さんが帰ってきたときは、天山さんソックリなビジュアルでムーンサルトまでやって、それはそれで驚いて（笑）。中西さんも帰ってきてからは凄いプッシュでしたね。

——WCWでクロサワのリングネームで活動した中西さんは、96年9月に凱旋帰国を果たすと、〝クロサワ九番勝負〟が組まれて並みいる強豪相手に快進撃を見せました。

永田 長州さんに勝ったのも驚きましたけど、世界のリック・フレアーからアルゼンチンバックブリーカーでギブアップ奪ったのは「マジかよ⁉」って思いましたね。そのとき、同じアルゼンチンを「トーチャーラック」っていう名前で使ってたレックス・ルガーが、「俺のフィニッシャーでフレアーに勝ちやがった！」ってかなり怒ってたんですよ。その様子を見たスティングが笑ってて。そうしたら次の日の大会で、中西さんがヒュー・モラスっていう選手にスティングの必殺技のスコーピオンデスロックで勝ったら、今度は逆にルガーが笑ってましたけど（笑）。

――ＷＣＷ勢もクロサワに熱い視線を送ってたんですね（笑）。

永田　とくに九番勝負でアニマル・ウォリアーとやったときに、ＷＣＷの選手がみんなバックステージからリングを観てるんですよ。これはアクシデントなんですけど、クロサワがＷＣＷでホーク・ウォリアーの腕を折っちゃったんで、アニマルが仕返しするんじゃないかって。結局、何事もなく終わったんですけど、その次のリック・スタイナー戦で、リックがクロサワを潰すような試合をしてたんで、逆に「先輩、アメリカで大暴れしたのかな」って幻想が沸きましたけど（笑）。

――やはり、中西さんは規格外というか。

永田　それを一番実感してるのは俺でしょうね。プロになる前から、いつも目の前には中西学のでっかい背中があって。「あの人は不器用だけどモノが違うんだな」って、悔しい目で見てましたよ。若手の頃からスコット・ノートンを担いだり投げたりして。やっぱり、写真で見るとあの人が一番映えるんですよね。目の前にそんな人間がいるから、どうやって自分の道を切り開こうってかなり考えたし。この頃、長州＆健介vs中西＆小島っていう試合を観たときに、ラリアットが乱れ飛んでたんで「みんな、長州さんの影響を受けてんだな。でも、俺はこうなっちゃダメだ。腕じゃなくて足を太くして、自分の持ち味を活かそう」って思いました。

——永田選手は中西さんのあとを受けて、97年2月から海外武者修行としてWCWに参戦するようになりました。当時のWCWは、nWoブームでWWF（現WWE）をしのぐ人気を誇っていた頃でしたね。

永田　いや、凄まじい盛り上がりでしたよ。でも、中西さんがクロサワとして最初からPPV（有料番組）に出たのと違って、僕は何もお膳立てがなくて。もしかしたら「あのクロサワの次か……、今度はどんなジャパニーズなんだ？」って好奇な目で見られてたのかもしれないですね（笑）。最初はなかなか試合が組まれなかったですけど、当時のWCWの副社長だったエリック・ビショフと仲のいい、日系人のサニー・オノオっていうマネージャーがついてからは徐々にチャンスが舞い込んできて。『マンデー・ナイトロ』（WCWの看板番組）では、売り出し中だったゴールドバーグともやったし、クリス・ジェリコとは二回やって一勝一敗でした。あの頃は浅井（嘉浩＝ウルティモ・ドラゴン）さんがWCWに上がってたので、何かと世話になりましたよ。あの人は世界中でトップを張った人だから、使われるための立ち振る舞いとか自己プロデュースの重要性とか、アドバイスをもらって。

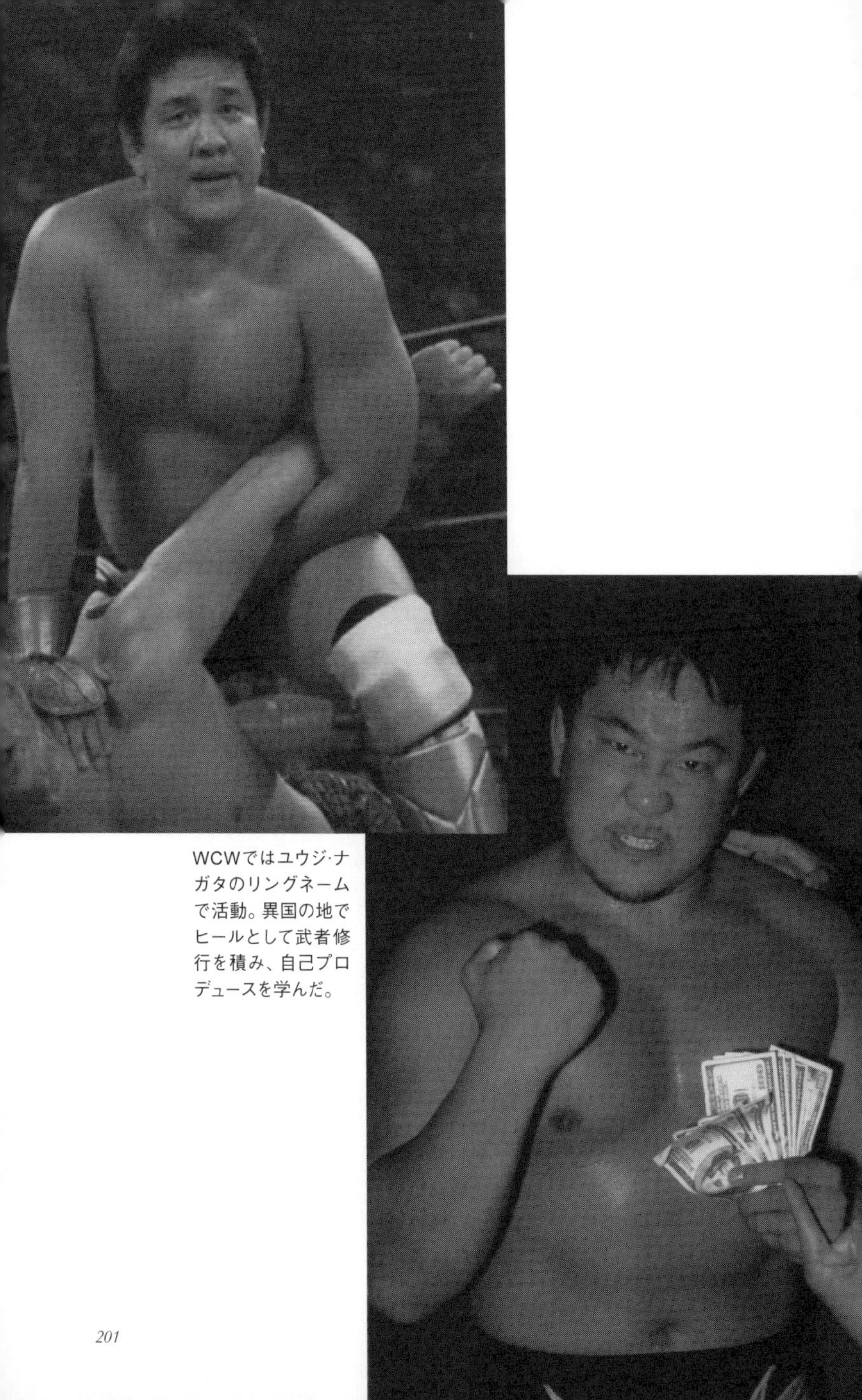

WCWではユウジ·ナガタのリングネームで活動。異国の地でヒールとして武者修行を積み、自己プロデュースを学んだ。

――当時、WCWはハルク・ホーガンやランディ・サベージをはじめ、スーパースターが勢揃いしてましたが、何か印象的なエピソードはありますか？

永田　俺がWCWに上がってた頃、nWo JAPANのメンバーとして単独遠征に来た天山さんが、まさにそのホーガンとサベージに呼び出されたって話がありましたね（笑）。どういうことかっていうと、96年の夏の札幌二連戦のときに、その舞台裏でホーク・ウォリアーとマッチョマン（サベージ）が大喧嘩を始めたんですよ。そのときにみんなで止めに入って、たまたま天山さんがサベージを押さえたら、ホークのいい一発がサベージに入ってひっくり返っちゃって。で、遠征に来た天山さんがホーガンとサベージに「本当のことを言ってくれ。あのとき、オマエはホークをヘルプしたのか？」って問い詰められて、「ノー、ノー！」って必死に誤解を解いたらしいです（笑）。

〝第三世代〟の誕生

――永田選手は98年8月8日の大阪ドーム大会で凱旋帰国試合（永田＆藤田和之vs中西＆小島）に臨むと、その翌月の9月23日の横浜アリーナ大会で、早くもIWGPヘビー級王座戦のチャンスをつかみます。あのときは大会直前に蝶野選手がIWGPヘビーのベルトを首のケガで返上し、対戦予定だったノートンの相手として、永田選手が急遽抜擢を受けて。

永田　棚ボタだったし、いきなりビッグマッチのメインだったんで感慨よりもプレッシャーが凄くて。最後はパワーボムで玉砕したけど、周囲から「いい試合だった」っていう声が多かったのが救いでした。ノートン相手に堂々立ち回ったことで「よし、やっていけるな」っていう手応えをつかめたというか。そもそも、この〝第三世代〟っていうのは、僕が凱旋してから呼ばれるようになったんですよ。闘魂三銃士に追い付け追い越せでがんばってた天山、小島、中西に僕が加わって。最初は第三世代は90～92年にデビューした選手って感じでしたけど、次第にヘビーの天山・小島・中西・永田を指す言葉として定着したんじゃないかな。まあでも、俺も凱旋したばかりのときはプッシュされましたけど、売り出し期間が終われば「まだまだ新日本の層は厚いな」って実感しましたね。

――その最中、99年の1・4東京ドームでの橋本真也vs小川直也が物議を醸す試合となり、新日本の歴史上でも大きなターニングポイントとなりました。あれは新日本vsUFOの三番勝負の一つとして行なわれ、同じ枠組で永田選手はデイヴ・ベネトゥーから勝利を収めています。

永田　橋本vs小川がインパクトありすぎて、忘れられてますけどね（苦笑）。その試合後にシャワーを浴びて、橋本vs小川はゴングが鳴ってちょっとしてからセコンドに付いたんですよ。それですぐに「様子がおかしいぞ？」ってなって、橋本さんがバンバン殴られて蹴っ飛ばされて。あとで聞いたところによると、当日は試合前から不穏な空気はあったらしいですね。試合がノーコンテストになったあと、小川はワーワー吠えてるし、小原（道由）さんは「やれ、オマエら！　いけ‼」って叫んでて。

――本隊ではない小原さんまで来てるのが、異常事態を表してるというか。そして、長州さんも駆けつけました。

永田　両陣営がもみ合いになる中、長州さんが小川選手に「これがオマエのやり方か？」って詰め寄ったんですよね。俺は俺で佐山聡さんに「先生、どうしたんですか？」って聞いたら、「いや、よくわからないけど、キレちゃって」みたいなことを言われて。で、長州さんがバーッてまくし立ててたら、なんか佐山さんもヤバい空気になり出したんですよ（苦笑）。だから、俺は長州さんを制止しつつ、佐山さんに「先生、先生」って手で落ち着いてくださいっていうジェスチャーをしたら、黙ってうなずいて。

――永田選手は佐山さんとはどういうご関係だったんですか？

永田　昔、小林邦昭さんに大宮にあるシューティングジムに連れてってもらって、佐山さんに何度か蹴りを教わったことがあって。まあ、このドームのときは止めに入った俺に、長州さんが蹴りを食らわせたんですけど（苦笑）。試合については「なんで橋本はやり返さないんだ？」っていう声が大きかったし、俺もそう思いましたけど、当時の橋本さんは太りすぎでコンディションがよくなかったんですよね。その直前に開催された『ＳＧタッグリーグ』の開幕戦で中西＆永田vs橋本＆藤波っていう試合があって、コッチが負けたんですけど、試合後に橋本さんがメチャクチャ疲労困憊していて。血圧が上がっちゃって、その翌日のオフは一日寝てたらしいですから。

――そういう状態だったんですね。その小川戦後の橋本さんの様子は？

永田　当日の試合後、橋本さんはスポンサーの方と麻布の叙々苑に行って、一人じゃイヤだったからなのか、俺も誘われて同席したんですよ。橋本さんも毅然としつつも、さすがに食事は進んでなかったですね。俺もその段階では、なんであんな試合になったか理解してなかったけど、橋本さんも心中は凄く複雑だったとは思いますよ。俺はわりと橋本さんと飲みの席で一緒になることが多くて、あの人が小川戦のあとに欠場してるとき、藤田と一緒に家まで遊びにも行って。

――藤田さんは橋本さんにかわいがられてましたよね。

永田　そうそう。橋本さんは地方巡業中のホテルで、仲のいい連中を自分の部屋に集めるんですけど、俺も藤田に「先輩も行きましょう」って誘われて何度か行ってます。明け方近くまでワイワイやって。そういう集まりも、あの小川戦以降はやらなくなった気がしますね。

――この橋本vs小川の〝1・4事変〟が、当時の新日本の歯車が狂いだした一つのきっかけというか。

永田　PRIDEとかが注目され始めたっていう時代背景もありましたけど、あそこから猪木さん主導で格闘技路線っていう流れになっていきましたよね。ただ、その時点での俺の考えとしては、新日本で上に行くにはプロレスで結果と内容を残すしかないって思ってたんですよ。まだ上に先輩がつっかえてたし、同世代としのぎを削って周囲に認めさせるしかないなって。この頃から中西&永田vs天山&小島が定番カードになったんですけど、期待されて最初にTV放映のある大会で組まれたときは、大した試合にならなかったんですよね。そうしたら試合後、タイガー服部さんに「オマエら、敬司とか蝶野の試合と比べると、まだ全然顔じゃないよ」ってクソミソに言われて（苦笑）。

――中西さんと組みはじめた頃は、永田選手がコントロールするような図式でしたよね。

永田　本人にも「このチームは俺が相手の技を受けて引きつけて、先輩が爆発力で一気に持っていくしかない」って話はしてました。それは俺がどう見えるかっていう計算もあったし、実際に「中西学が鉄人28号なら、俺は正太郎くんだ」ってコメントも出してましたから。でも、そこで長州さんがズバっとマスコミに言ったんですよ、「観客が見てるのは28号だぞ」って。その記事を見て「あ、やっぱり新日本プロレスってそういうことなんだな」って思い

99年8月28日に明治神宮野球場で、中西学と共に後藤達俊&小原道由組を下してIWGPタッグを戴冠。

00年4月、己の殻を破るべくG-EGGS始動。ユニットのリーダーとして采配を振るった。

ましたね。いまとは価値観が逆というか、あの頃は巧さなんかよりインパクトのほうが断然評価される時代でしたから。その長州さんの一言で、俺もちょっと意識が変わりました。「引き立て役で終わりたくねえな」って。

――これは棚橋弘至選手がおっしゃってましたが、ご自分がルーキーだったKENSO（鈴木健三）選手とタッグを組んでたときに、「コッチのプロレスセンスのほうが高いのを周囲に伝えるチャンス」という企みがあった、と。永田選手も心境としては似てますか？

永田　いや、中西学は不器用さを覆すだけの爆発力を持ってたんで、あの頃はどうあがいてもひっくり返すのは難しいなって。だから、逆にあの人には早くIWGPヘビーを獲ってほしかったんですよ。そうすれば他力本願ですけど、追いかける立場として自分も注目されると思ったんで。でも、中西さんは99年の『G1』に、同世代で最初に優勝したものの、そこからなかなか突き抜けてくれなくて。

――永田選手が00年4月に中西さんや吉江豊選手、福田雅一選手と共に結成したG－EGGSはご自身のアイデアだったそうですが、あれも最初は〝vs中西〟というコンセプトだったそうですね。

永田　そうです。でも、長州さんに「中西を入れろ、じゃないとインパクトがない」って言われて、「やっぱり、会社は中西学なんだな」って。ちなみに俺はカシンにも声をかけたんですけど、「ニシオとなんか一緒にやれない」って断られました（笑）。当時、G-EGGSの色違いのTシャツを販売するのにメンバーで売店に立つんですけど、やっぱり中西さんが断トツで売れるんですよね。長州さんもそうなるのがわかってて、「これはオマエらの競争だ」とか言うんですよ。そういう現実をイヤっていうほど見せつけられてましたね。

勝負の2001年

――中西さんの後塵を拝していた永田選手ですが、2001年から動き出します。

永田　だって、中西学がトップにいってくれないから（笑）。中西さんは00年の『G1』も優勝決定戦に出ましたけど、結局は佐々木さんに負けた姿を見て「あの人でも序列を切り崩せないのか、なんとかしなきゃな」って、いろいろ思うところがあったんですよね。00年に藤田が新日本を辞めて、猪木さんの導きでPRIDEに上がるようになったのも、新日本内の序列を待ってられないからなんですよ。藤田の退団は長州さんも凄い悔しがってましたけどね。そういう中で、自分にとって01年は「今年はキャリア10年目、勝負の年だ！」となって。

――永田選手は同年の3月2日の両国国技館でのZERO-ONEの旗揚げ戦で、橋本さん

21世紀最初の『G1』の優勝決定戦で、武藤敬司をナガタロックⅡで撃破。

01年の10.8東京ドームではプロレスリング・ノアの秋山準との越境タッグが実現。

のパートナーとしてプロレスリング・ノアの三沢光晴&秋山準組と対峙し、大きな注目を集めました。

永田　あれはうまくハマりましたね。このとき、橋本さんがパートナーをXとして発表してたんで、新聞記者に「Xが俺だったらどう？　書いていいよ」って言って。当時は記者との雑談から波紋が広がり、何かにつながるっていう時代だったし、「べつに会社からペナルティを食らうこともないだろ」って目論見もあって。でも、最初は長州さんに「今回はダメだ」って止められて、橋本さんはフリーになってた安田忠夫をパートナーにしようとしたんですよ。そうしたらヤッサンをPRIDEに出そうとしてた猪木さんからストップがかかって、急転直下で俺が出場することになって。

――そこで団体の垣根を越えた盟友となる、秋山選手との接点が生まれたわけですね。

永田　最初、秋山と選手の格的に対になるのは中西学だと思ってたんです。でも、秋山としては俺だったんですよね。「永田裕志が一歩引いてるから、新日本は潤滑してる」って言ってくれてて。そういう見方って、当時の新日本の人間は絶対にしないんですよ。やったもん勝ちの文化なんで。あの頃は秋山と密に連絡を取ってましたよ。新日本としてもドームツアーのネタとして、俺たちの接点をビジネスに使いたかったでしょうし。ノアは日本テレビで放送を始めたばっかりで障壁はあったんですけど、秋山は「自分の進退をかけてでも、フリーになってでも新日本に上がる」って言って、三沢（光晴）さんがテレビ局に掛け合ったんですよね。

――お互いに次世代として壁をぶち破るという部分で、利害が一致したというか。

永田　風が吹きましたよ。自分のプロレス人生を振り返ると、秋山との出会いはかなり大きかったですね。その年に新日本とノア、お互いのタイトルマッチにもセコンドに付いて、ファンからの期待感が高まる中、ようやく俺は『G1』で優勝することができて。そのあと、10月の東京ドームで俺と秋山がタッグを組んで、武藤&馳組に勝ったんですけど、あのときも猪木さんはおもしろくないから「小川vs藤田をメインにしろ」って横槍を入れてきて。でも、最終的には俺たちの試合のほうがメインに組まれた、と。

――そのときはGHCヘビー級王者（秋山）と三冠ヘビー級王者（武藤）の初遭遇が、新日本マットで実現するという部分でもファンの話題となりました。そして、永田選手は01年の新日本のキーパーソンとして活躍する中、大晦日の『INOKI BOM-BA-YE』で当時〝プロレスハンター〟と言われていたミルコ・クロコップとの総合ルールでの一戦を迎える、と。

永田　そこでつまずいたんだよな（苦笑）。ミルコ戦に関しては猪木さんから半ば強引に「オマエ、出たいんだろ？」って言われて、会社は「本人の判断に任せる」と。やっぱり、藤田

〝ブルージャスティス〟永田裕志

格闘技路線の波に乗ってミルコ・クロコップと一騎打ち。プロレスファンの大きな期待を背負ったが……。

とカシンが総合格闘技の舞台に出て、「次は永田か？」みたいな雰囲気はありましたよね。で、藤田や『週刊ゴング』の編集長だったGK（金沢克彦）から「永田裕志ならいける」と焚きつけられて（笑）。カシンからは冷静に「やめといたほうがいい」って言われたし、キックを習ってた伊原信一会長にも「オマエは自分の道を進まなきゃダメだよ」って諭されたんですけど、最終的に自分で「やりたい」と決断して。

――当時はまだプロレスと格闘技が地続きの時代で、格闘技イベントがプロレスラーのネームバリューをうまく利用していたというか。プロレスファンから「永田なら勝てるんじゃないか」という期待もありました。

永田　いまだから言えるけど、わりと本人は「難しいだろうな」って思ってましたよ。でも、勝負の年って決めてたし、『G1』に優勝しただけじゃまだ突き抜けた感はなかったから、「だったら、目の上のたんこぶの闘魂三銃士がやってないことをやってやる！」っていう野心も大きくて。

――結果は1R、ハイキックでダウンを奪われTKO負けとなって。

永田　当時、外野に「新日本は勇気がない」みたいに言われるのも頭来てたんで、イチかバチかの勝負に出たんですけど、結局はバクチに負けた、と。逆に金絡みのバクチで負けっぱなしの安田忠夫は、同じ日にジェロム・レ・バンナに勝って（苦笑）。その日、大会後にヤッサンは俺のことを慰めてくれましたけどね、「一緒にがんばっていこうよ」って。カシンからは電話がきて「永田さん、大丈夫？」「一応、蹴りで頭フラついたから病院は行ってきた」「やられた直後はそうなるけど、すぐに戻るから。安田さんは今日が人生のピークで、これからは下がる一方だから」って、ヘンな慰められ方されて（笑）。よく、猪木さんが「俺はプロレスと格闘技を分けたことがない」って言ってて、俺は「戦い方が違うんだから、どう見たって別モンだよ」とは思ってましたけど。そうか、もう20年前の話になるのか……。

——そのあと、02年の1・4ドームのメインで、永田選手は秋山選手のGHCヘビー級王座に挑むも敗北を喫し、試合後には大粒の涙を流していたのが印象的です。

永田　あのときの感情は「終わった」の一言ですよ。ミルコに負けたあと、ドーム前日の調印式に行くのもイヤでイヤで、サングラスかけて出席したんですよね。01年はずっと張り詰めた気持ちでやってきて、秋山戦が終わったときに、ようやく肩の荷が下りたというか。悲しいとかじゃないけど、なぜか涙が止まらなくて、感情が極限状況だったんだと思います。ああいう経験はあとにも先にもあのときだけかな。

――00年代前半、団体の方向性に不満を持ったレスラーの退団が続きました。ZERO－ONEの橋本さん一派のほか、02年2月には武藤選手や小島選手、カシン選手が全日本プロレスに移籍。03年3月1日に長州さんが旗揚げしたWJプロレスには佐々木健介選手、KENSO選手らが参加しました。この流れの中、永田選手も全日本から誘いの声が掛かったそうですね。

永田　あれは01年の11月でしたね。武藤さんから「オメーに大事な話があんだよ。いまはまだ詳しく言えねえけど、俺は動くから」って。のちのち〝動く〟の意味がわかったんですけど、俺がミルコに負けたら「もうアイツは用がない」って思ったのか、声は掛からず（苦笑）。後年、武藤さんにあのときのことを聞いたら、「だってオメー、〝アッチの世界〟に行ったじゃねえかよ」って。まあ、そもそも俺は新日本を退団する気はなかったですけどね。

――第三世代からは小島選手が武藤選手に追随しましたね。

永田　あのときは天山さんが「なんでコジは行ってしまうんや……」って凄く心痛めてて。02年の1・4ドームが終わったあとに、道場で天山さんとジックリ話し合って「俺たちでがんばっていこう！」って固い握手をしたのを覚えてます。小島さんは新日本を背負うよりも、武藤さんについていったほうが自分にとってプラスだと思ったんでしょうね。まあ、いいときに辞めていきましたよ、そこから新日本はもっと大変な時代に突入するんだから。これは嫌味とかじゃなくマジメに。

——ただ、小島選手も全日本に移籍してからさまざまな苦労があったようで。

永田　でも、少なくとも新日本でプロレスをやるよりかはストレスもないでしょう（笑）。00年代前半は1・4ドームが近づくと、大晦日の格闘技イベントがあるから新日本の人間は気持ちが沈むんですよ。なかなかカードも決まらないし。でも、誰か〝生贄〟になるのが決まると、新日本の社員がホッと笑顔になるんですよね。

——猪木さんとしては当時の格闘技ブームに乗って、新日本の力を知らしめようという気持ちはあったと思います。

永田　それもあったと思うけど、当時猪木さんは新日本の自分に対する扱いがおもしろくなかったんじゃないかな。ＰＲＩＤＥにいけばＶＩＰ待遇なのに、新日本に来ると何もない控室にポツンと一人にされて、当時は顔つきが不満そうだなって思いましたよ。だから、あの格闘技路線も新日本への愛憎が入り混じった感じだったんじゃないですかね。そこに猪木さんの周囲の人間の思惑も入り混じって。

——武藤選手一派が新日本を退団した直後、02年2月1日の北海道立総合体育センター大会では、いわゆる〝猪木問答〟がありました。猪木さんが新日本のレスラーたちをリングに集め、「オメーは何に怒ってる？」と問いかけて。

永田　やっぱり強引というか。でもあの札幌はいろんな個性が見られましたね（笑）。

――それぞれのレスラーのスタンスが垣間見られたというか。

永田　最初、猪木さんが「辞めた武藤と馳がどうしようと、どうでもいい！」ってマイクで言ったんですよ。それなのに「オメーは何に怒ってる？」って言われた中西さんが、いきなり「全日本に行った武藤敬司です！」って答えて、猪木さんに「オメーはそれでいいや」ってそっけない態度されたとき、俺は隣で笑いを咬み殺すのに必死で（笑）。動画を見返すと顔が強張ってますからね。俺自身は「すべてに対して怒ってます」と答えたんですけど、政治的な駆け引きをしてる上層部もそうだし、新日本のお家騒動をスキャンダラスに書き立てるマスコミにも頭に来ていて。

――このとき、闘魂三銃士で新日本に一人残った蝶野選手が、猪木さんから現場監督に任命されました。

永田　蝶野さんは相当しんどかったはずですよ。現場をまとめつつ、会社と猪木さんの間に入るストレスは大きかっただろうし、「蝶野さん、倒れないかな？」って心配でしたね。だからこそ、俺らの世代でリングを盛り上げないとなって思いましたね。

――そういう流れの中、永田選手は02年4月5日に東京武道館大会で安田選手を下し、IWGPヘビー初戴冠を成し遂げます。第三世代の中で新日本の至宝に一番乗りとなりました。

永田　ミルコ戦で赤っ恥をかいたのに、新日本の土壌に帰ってくると不思議な感覚というか、なぜか観客が俺を後押ししてくれたんですよね。大晦日にヒーローになったのはヤッサンのほうだったのに、そこはプロレスファン特有の感情なのか。あの試合、会場にファン時代の内藤（哲也）が来てたらしいですよ。しかもアイツ、その一年後に広島サンプラザでヤッサンとやったV10の防衛戦も観に来てたって言ってたから、根っからのプロレスファンなんでしょうね。そういえば最近、新日本のファンクラブの撮影会のときに、いきなり「私、内藤の父です」って挨拶されて、「ああ、プロレス好きは親父さん譲りなのか」って思いましたけど（笑）。まあ、あの時期に闘魂三銃士の次の世代で、当時王者としてメインの責任を果たせたのは、自分だけだった気はします。それは10回の防衛ロードの相手を見てもらえばわかると思うけど、変化球も多かったんで。

――たしかにバス・ルッテンやジョシュ・バーネット、村上和成選手という格闘色の強い選手も迎撃されてました。そのときの防衛ロードでとくに印象に残ってる相手は？

永田　中西さんと60分時間切れ引き分けだった防衛戦はしんどかったですね（03年3月9日・名古屋レインボーホール）。試合後、コッチは精も根も尽き果ててるのに、向こうはピンピ

02年4月にIWGPヘビーを初戴冠。03年4月には安田忠夫を下し、橋本真也の保持していた防衛記録を更新するV10を達成。新日本のエースとして屋台骨を支えた。

ンしてて「やっぱり、この人は化物だな」って。この頃になると「永田が中西を抜いた」って言われてましたけど、相変わらずインパクトで持ってくのは中西さんなんですよ。俺が東京ドームのメインで藤田とIWGPヘビーの防衛戦をやったとき（02年10月14日）、セミで中西さんはボブ・サップとやったんですけど、わずか6分くらいの試合で会場が大爆発しちゃって。入場前に「こりゃ、負けたな」って思いましたもん（苦笑）。

――あのサップと真っ向勝負を演じ、中西さんはリングアウト負けを喫するも、あらためて野人ぶりを見せつけたというか。

永田　そこなんですよ、あの人は。ベルト持ってようがなかろうが、とくに地方会場だと実感しますけど、中西さんの重いチョップ一発でも「ウオーッ！」って歓声が湧き上がって。そのあと、自分がメインを締めても、あの人に勝った気がしないんですよね。当時はコッチが王者だから口が裂けても言えなかったですけど、やっぱり中西学のデカい背中は俺の目の前にあって。

――直接対峙しなくても、中西さんの存在感と戦い続けた、と。

永田　あと、最初の王者時代に意識したのが、主力勢が退団してヨソに向いたファンの目をいかに新日本に向かせるか、先々のシリーズのテーマを絞り出して発信してました。当時はチャンピオンのプレッシャーを超越した使命感があったし、よく身体が持ったなとは思いま

V10の防衛ロードでは、中西学と60分時間切れ引き分けの熱闘を展開。試合後、中西は王者·永田の右腕を挙げて祝福した。

すよ。シリーズ以外は朝起きて合同練習に行って、ちゃんこを食べてから新日本の事務所に行き、マスコミの取材を受けて。で、夕方からはキックボクシングのジムで練習して、夜は食事会を兼ねた営業回りもしてましたから。

——新日本を背負う王者として、身を粉にしていたわけですね。

永田　やっぱり、猪木さんが新日本を旗揚げした頃、野毛の商店街の八百屋とかを一軒一軒、挨拶しながらチケットを売り歩いたっていう話も聞いてたし。あとは「三銃士が王者の頃はチケットが売れてた」とか耳に入ってくるんで、「ナニクソ！」っていう気持ちで自分にできる努力はしようと思ってました。

闘魂三銃士と四天王

——永田選手はＩＷＧＰヘビーのＶ10を成し遂げたあと、03年5月2日の東京ドームで高山善廣選手に敗れ、王座から陥落しました。あの時期は外敵勢が新日本マットで幅を利かせていましたが、その中でも永田選手と高山選手はライバルの立ち位置だったというか。

永田　高山選手はただでさえ大きいのに、さらに自分をデカく見せようとしたのか、俺を「裕志」呼ばわりでね（笑）。その5月のドームのときは一つ前の試合で蝶野さんと小橋（建太）

さんのGHCヘビー級王座戦があって「アッチがいい試合になるのはわかってる。だったら俺は殴り合い、蹴り合いの〝戦い〟という部分をクローズアップしよう」っていう意識があって、そこに高山選手も呼応したというか。彼は俺と同世代で、秋山のように波長が合う存在でしたね。新日本が団体として弱り出した頃、OBの連中が上から目線で「いまの新日本は殺気がない」とか言ってたんで、あの高山戦はそこへの対抗心も強かったです。

――現在、高山選手は試合中のアクシデントにより頸髄損傷を負い、リハビリ生活を送られています。

永田　彼を支援するイベント（18年8月31日&19年8月26日の『TAKAYAMANIA EMPIRE』）には出場したんですけど、まだお見舞いには行けてないんで近々顔を出したいと思ってます。新日本が苦しい時代に突入したときに、強大な外敵として立ちはだかった高山善廣とバチバチにやり合ったのは、自分の中で特別なものというか。とくに自分の軍団を結成するわけじゃなく、プロレスから格闘技まで、いろんなところを股にかけて活躍したっていうのは凄いことだし。そんな男と俺はシングルでは2勝2敗なんで、いつか決着戦をやりたいですね。「待たせたな、裕志」って大股開きでリングに上がってくるのを、俺は待ってますよ。

――この高山選手にIWGPヘビーを奪われた5・2ドームでは、初めて新日本マットで総合ルールの試合が行なわれ、中西さんと藤田選手が激突しました。永田選手にとって身近な二人の対決でしたが、どう受け止めましたか？

永田　あれは中西さんが知らないところで話が決まってたんですよ。中西さんは最初抗議をしたらしいですけど、会社のためを思って一肌脱いで。あの人はそのあと、K－1に乗り込んで立ち技の試合までやってますからね。その試合が発表されたのを、俺はノアの地方大会に出てるときに新聞記者から聞いて、「マジで⁉」って驚いて。

――とくに中西さんから相談はなかったんですね。

永田　お互い、なぜかこの手の試合については話さなかったですね。ただ、中西さんがK－1に出るにあたって、打撃を教えるのがキックボクサーじゃなく総合格闘技がベースのジョシュ・バーネットとかエンセン（井上）なのはどうなんだろうって思いました。当時は知識がないからしょうがないことではあるんですけど、結局は会社のサポート体制が不十分だったんですよね。俺からすれば「格闘技路線の最大の犠牲者は中西さんだな」って気がしますよ。のちのち、コッチが「先輩、あのときはよくやったね」って言うと、中西さんは「いや、会社のため、自分のためやし、やらなしゃあないから」って一切愚痴も言わなくて。そういう男なんですよ、中西学は。このあと、上井（文彦＝当時の新日本のフロント）さんは俺にも「次、中西と総合ルールでやってくれない？」って持ち掛けてきたんですけど、「ちょっ

00年代前半、永田は最前線で外敵を迎撃。髙山善廣とは02年5月2日、03年5月2日と二度にわたり東京ドームの大舞台で対峙した。

と待ってくださいよ」って話で。

――以前、中邑真輔選手はプロレスラー同士の総合ルールでの試合を〝共喰い〟と表現していました。

永田　そのとおりだと思いますよ。俺もそのとき、本隊の連中に「レスラー同士が総合やるの、どう思う？」って聞いたら、みんな「新日本のリングで新日本のレスラーが、プロレスじゃなく総合やっちゃダメですよね」って言ってましたから。結局、俺と中西さんの総合ルールは蝶野さんが強固に反対してなくなったみたいですね。よく、俺も格闘路線に翻弄されたみたいなこと言われますけど、中西さんのほうがしんどかったと思いますよ。

――03年の永田選手はノアにも乗り込み、9月12日の日本武道館大会では小橋選手とのGHCヘビー級王座戦に敗れるも、11月30日の北海道立総合体育センター（きたえーる）大会で棚橋選手と共に小橋&本田多聞組を下してGHCタッグ王座を奪取しました。

永田　新日本だとリング外のいらぬフラストレーションを感じてたので、ノアだったらプロレスに没頭できるかと思いましたけど、それはそれでストレスはありましたね。曲がりなりにも新日本の王者だった永田裕志に対して、最初は前座の選手と査定試合を組んで、向こうのレスラーたちがチェックしてるんですよ。アッチは純粋培養で育ってるし、ファンもノアだけを応援してるファンが多かったからか、とにかく異分子に対する拒絶反応が大きくて。

でも、永源（遥）さんにだけは喜ばれましたけどね、「おかげでチケットが売れてるよ」って（笑）。あとは「三沢さんは懐が深いな」とは思いましたけど。

――第三世代のレスラーの中で、いわゆる全日本の系譜を持つ四天王（三沢、小橋、川田利明、田上明）の全員と対戦したのは永田選手だけなんですよね。闘魂三銃士と比べて、何か違いを感じましたか？

永田　一番違うのは、三銃士は若い世代を完全には受け止めないというか、潰しにかかるんですよ。とくに武藤さんは地味に潰すというか、グラウンドで徹底的にコントロールして、それから相手の技をちょろちょろって受けて、最後は全部自分が持っていく（笑）。まあ、蝶野さんは他の二人ほどではなかったけど。四天王に関しては俺が一番巧いと思ったのは川田さんなんですけど、とくに印象に残ってるのは三沢さんで、あの人はすべてを受け止めてくれるんですよね。そのぶん、お返しもきつかったけど、プロレスっていうものを考えたときに「三沢光晴は凄いな」って素直に感じました。

――小橋さんはいかがでしたか？　当時ＩＷＧＰヘビーの防衛記録を更新した永田選手を、最初に〝ミスターＩＷＧＰ〟と言ったのが小橋さんでしたね。

永田　小橋さんが〝ミスターＧＨＣ〟だから、その対として発信したんですよね。俺が考える〝ジャイアント馬場イズム〟を感じさせたのは小橋さんですよ。「絶対にここから先は譲らない、簡単には動かない」っていう頑固なものが伝わってきて。コッチが挑発してもなかなか乗らない姿を見て、馬場さんの「自分はリング中央に立って、相手を動かせ」っていう教えを忠実に守ってるんだなって思いました。あと、田上さんに関してはナマクラだとか聞きましたけど、巧さも強さも兼ね揃えてて、かなりワクワクしました。じつは誰よりも天才型だったんじゃないかな。まあ、俺に三銃士がいたように、秋山もそういう四天王がいたからこそ、突き抜けるためにいろいろなことを考えたんでしょうね。

俺は〝踏み台〟じゃない

――永田選手は03年12月31日、『INOKI BOM-BA-YE』で当時〝60億分の一の男〟と称されたエメリヤーエンコ・ヒョードルと総合ルールで対峙しました。その年の大晦日は地上波3局で格闘技イベントが放送されることになり、選手の激しい争奪戦が行なわれ、永田選手の対戦相手も二転三転して大会前日にようやく決まって。

永田　最初は真裏の『Dynamite!!』でピーター・アーツ戦のオファーが来たんですけど、それはすぐに立ち消えになり、そのあとに『INOKI BOM-BA-YE』でヒョードルとやることになって。でも、ヒョードルは『PRIDE』との契約があるとかでストップがかかって、それから（アントニオ・ホドリゴ・）ノゲイラだとか、マイケル・マクドナルドだとか、コロコロ変わったんですよね。

――マクドナルドはミルコにK―1で勝利したことがあるということで、リストアップされたんですよね。

永田　「でも、やるのは総合ルールなんだし、ネームバリュー的にどうなの？」って思いましたよ。そんな感じでどんどんやる気がなくなる中、『INOKI BOM-BA-YE』はミルコvs高山っていう看板カードが飛んで、日本テレビは降りて代替番組を放送するって話にまでなったんですよ。それが急転直下でヒョードルの出場にOKが出て、俺との試合が実現することになって。

――裏側のドタバタ劇については、いろいろなところでお話されてますよね（苦笑）。

永田　まあ、出せる範囲の話は（笑）。ミルコ戦のときは自分の意志がありましたけど、このときはあの猪木さんに「出てくれ、頼む！」って頭を下げられましたからね。そこで俺は「リング上では命を投げ出す覚悟はありますけど、リング外では命を守りますよ」って意見したんです。要するにゴタゴタに巻きこまれるのは御免だってことですね。そうしたら猪木さんが「わかった」って答えたから、検討の余地はあると思って「少し考えさせてください」って返したんですけど、「いや、考えるヒマはねえんだよ」と。それで「じゃあ、出ます」

永田の二度目の総合ルールでの相手は、当時PRIDEヘビー級王座を保持していたエメリヤーエンコ·ヒョードル。強行スケジュールで出陣するも、氷の拳の前にはかなく散った。

って腹をくったら、猪木さんに間髪入れずに「よく言った！」って闘魂ビンタをされ、その横で上井さんが「カッコええわ～」ってつぶやいて、「なんなんだ、コレは？」っていう（苦笑）。上層部の一部が「ストロングスタイルは負けてはならない！」っていう威勢のいいスローガンを掲げても、そのためにどうしたらいいのか、具体策がなかったですよね。

――永田選手は準備もままならないまま出場し、結果は1R1分2秒、ヒョードルの前にTKO負けを喫しました。

永田　試合に関して、ネットでいろいろ書かれたみたいですけど、そういうのは一切目にしなかったです。いま、俺もツイッターで失礼なヤツに絡まれると「うるせえ、バカヤロー！」とか返してますけど、この時代にあったら大変だったでしょうね（苦笑）。試合後、大会の打ち上げでヒョードルに酒をバンバン勧められたんですよ、「オマエとは友達だ、飲もう」って（笑）。周りにドレスを着たロシアの美女を数人はべらかして。ヒョードル戦以降は、しばらく猪木さんも俺に優しかったですね。その年明けのドームで佐々木さんと血みどろの試合をやったら、猪木さんは「これがプロレスだ」って評価してくれてたって聞きました。試合前に「いいんだね、殺っちゃって？」って言った甲斐がありましたよ（笑）。

――あらためてあのヒョードル戦は、ご自分の中でどういう位置づけですか？

永田　俺のキャリアでアレがなければとか言われるけど、「ここからどう立ち上がるか？」

を考えるしかなかったですよね。それがプロレスラーの見せるべき姿だと思うし、周囲の期待を裏切ったのは心苦しかったですけど、ただの人柱で終わりたくなかったんで。選手が無理やり、格闘技のイベントに担ぎ出されるのは、あのヒョードル戦が最後でしたよね。あれでプロレスラー、ファン、マスコミがハッキリとプロレスとは違うジャンルだっていうのを認識したんじゃないかと思います。新日本のあの狭い道場で練習を積めば、畑違いのジャンルでも勝てるっていう幻想が通用しない時代になったというか。あそこから新日本全体が「プロレスをしっかりやる」っていう意識に変わったと思いますよ。それで次の世代の選手たちが前に進めたと思うし、結果的にはよかったかなって。

——ちなみにこのときのヒョードル戦の同日には、永田選手の元付き人で、当時IWGPヘビー級王者だった弱冠23歳の中邑選手が、『Dynamite!!』でアレクセイ・イグナショフ選手と対戦しました。

永田　中邑も早く自分の名を挙げたかったんでしょうね。もともと、新日本に入る前から和術慧舟會にいたし、新日本としても次のスターとしてプッシュして。俺の付き人のときは素直でありつつ、ちゃんと自分の意見を持ってましたよ。しかも、普通は「自分はこうなりたい」とかなのに、アイツは「会社をこうしたい」って、そういうこと言うんですよね。「道場の一階を筋トレ、二階は一面マットを敷いて柔術や立ち技の練習もできるように」とか。

要するにリングだけの練習じゃダメだってことで、それは俺も思ってたんですけど、アイツは「実現させるのが永田さんの仕事ですよ」とか調子いいこと言って（笑）。結局、日照権の問題とかあって、難しかったんですけど。

――その中邑選手、棚橋選手、柴田勝頼選手の新・闘魂三銃士を売り出すために、04年6月から新日本の社長に就任した草間政一さんが、「第三世代は踏み台になれ」と発言し、永田選手は真っ向から反抗しました。当時の永田選手は36歳で、いま第一線の内藤選手や飯伏幸太選手たちよりも年下なんですよね。

永田　36にしてはいろんなこと経験しすぎて、ベテラン感が出てたのかな（苦笑）。いや、草間さんの言うこと自体は健全な考えですよ。ただ、踏み台って言われて「はい、わかりました」じゃレスラーをやってる意味がないし、あそこで久しく忘れていた尖った感情が出てきて。中邑たちを厳しく育てようじゃないですけど。

――以前、中邑選手は「俺は永田裕志という〝難題〟から逃げなかった」という言い方をされていました。

永田　まあ、中邑と棚橋は逃げられなかったのもあるだろうけど、コッチがガンガンいっても食らいついてきましたよ。あるときを境に、俺から彼らに対する注文も一切なくなりましたから。後輩に対して、あそこまで何も思わなくなるのは珍しいし、「コイツら、スゲー育ったな」って思います。

天下を取り損ねた男

――この踏み台発言と前後して、04年10月に新日本マットに姿を現した長州さんに、永田選手は「天下を取り損ねた男」と言われました。上井さんの自著によると、このときは永田選手にだけ「長州さんが来るから対応してほしい、でも、どんなことがあっても手だけは出したらダメ」と伝えたと書かれていましたが？

永田　いや、それはちょっと違いますね。「動くなら長州さんがひととおり、しゃべり終えてから」って言われたんで、張り手をかましたんです。新日本に残って最前線で踏ん張ってきたのに、いきなり天下を取り損ねたとか挑発されて。でも、天龍（源一郎）さんには「永田は天下獲ったよ。ＩＷＧＰの防衛記録作って、新日本の屋台骨を支えたのはオマエだから」って言われたんですよ。このことを俺は当時のマスコミにも言ってるんですけど、書かないんですよね。俺を〝天下を取り損ねた男〟にしといたほうがネタにできるから（笑）。

――新日本が混迷の時期を迎える中、05年10月にはそのカンフル剤として長州さんが現場監督に復帰しますが、これは現場で波紋を呼んだそうですね。それと時を同じくして猪木さんが新日本の株式をユークスに譲渡し、会社が新体制として踏み出します。しかし、翌06年に、のちに『無我ワールドプロレスリング』を旗揚げするメンバーたちを中心に10名以上の選手が退団をしました。

永田　個人的にはあのとき辞めた人たちはどうかと思いました。「辞めるんなら、猪木さんがいるときに辞めろよ」って。その年は東京ドームを3回やってるんですけど、観客は全然入らないし、「会社がそろそろやばい」っていう話も聞いてる中で、ユークスさんが買収することになったんですよ。まあ、長州さんには毒を以て毒を制すじゃないけど、俺としてはあの人にメチャクチャな現場をなんとかしてほしいって気持ちでしたよ。

――永田選手自身は新日本を辞めようと心が揺れたことはなかったんですか？

永田　本心から思ったことはないです。というのは、新日本を辞めた選手たちも、結局はちょこちょこ戻ってくるじゃないですか？　そこで俺たちに対して「新日本所属のヤツらは会社に守られてる。俺はオマエらとは覚悟が違う」とか、偉そうに言ってるのが本当に格好悪いと思ってたし、「いや、守られてるんじゃない。俺たちが新日本に残ってるから、オマエらだって戦う場所があるんだろ？」っていう。新日本が暗黒期と呼ばれた時代、一部のマスコミやファンから〝土下座外交〟って揶揄されるほど外敵を重宝したことに対して「ふざけんな！」っていうのは、いまでも思ってます。外敵から新日本を守ったからこそ、「俺は絶対に新日本を辞めない！」っていう気持ちを強くしましたね。これはもう、意地でしたよ。

――そこで共に戦った第三世代に対して、シンパシーも強くなったのでは？

永田　それはありますね。天山さんと中西さんがそこまで考えたかはわからないですけど、俺たちが矢面に立って受け止めたから、そのあとに棚橋や中邑たちが出てこられたっていうか。だから、悪いけど小島さんは違うんですよ（笑）。もちろん、小島さんは小島さんで、外で培ったものはあるんでしょうけど、俺の中で天山広吉や中西学とは違う。これは書いていいですよ。というか、書いといてください（笑）。

――強調したい、と（苦笑）。

永田　べつに小島さんとは仲悪くないし、そういう話ではないんですよ。単純に一番苦しい時代を支えたかどうかという部分であって。だって、あの人は新日本が苦しくなる前に全日本に行って、これから新日本が上がるってときに戻ってきて。本当にタイミングがよかったし、ある種の才能ですよ（笑）。

――団体に所属として戻れるのも、必要とされてるからというか。

永田　それはありますね。必要とされるタイミングにいる、やっぱり才能ですよ（笑）。あと、俺の辞める辞めないの話でいうと、07年の初頭に六本木のバーで、武藤さんと全日本の幹部から「いまはフリーの時代だろ？　オマエも新日本辞めてフリーになれよ。ウチが年間

100試合以上は保証するから、あとはいろんな団体に出ればいいし」って誘われたことがあって。でも、俺は「信用できません」って即断りましたよ、向こうの都合いいように使われてたまるかって。まあ、俺が唯一辞めたくなったのはアレですよ、05年の1・4ドームでやったアルティメットロワイヤル（苦笑）。

――暗黒期を象徴する、総合格闘技ルールでのバトルロイヤルですね（苦笑）。

永田　やる側が戸惑うんだから、観る側だって困っちゃいますよね。この時期は会社がロクな企画を持ってこないから、俺は俺で盛り上げられないかと思って、当時のプロレス界や俺のヒョードル戦に対して、とやかく文句を言ってた前田日明さんとマスコミ通じて舌戦をやったんですよ。もちろん、腹立たしいのもあったんですけど。

――永田選手が「前田日明はプロレスも格闘技も中途半端」と反論した一件ですね。当時、前田さんは上井さんが設立したビッグマウス・ラウドのスーパー・バイザーに就任してました。

永田　向こうは向こうで、自分の団体に注目を集めたかったんでしょうね。結局、前田さんと上井さんの関係もうまくいかなかったみたいですけど。その後、前田さんとは猪木さんが声掛けした食事会で会ったんですよ。揉めたのは10年以上前のことだし、先輩ですから「その節は失礼しました」ってコッチから挨拶したら、「……ああ」の一言でしたね（笑）。

――前田さんと同じくUWF出身のトップとの絡みだと、03年にPRIDEがミルコの対戦相手を公募したときに、PRIDE統括本部長だった髙田延彦さんが「なぜ新日本は打倒ミルコに名乗りを挙げないのか？」と挑発し、永田選手が反応してましたよね。

永田　新日本を辞めていった人たちが、そうやって新日本をダシにしようとするのがズルいなって思ったんで。やっぱり、そういうときに矢面に立つのは俺なんですよ。そもそも、俺はプロレス入りする前にUWFが大好きだったんですけど、そのトップどころと揉めるのも皮肉なもんだな（笑）。

東金の英雄

――永田選手がIWGPヘビーから離れていた03～06年にかけては、天山選手が同王座を4度戴冠し、さらに『G1』も三度優勝しましたが、どうご覧になっていましたか？

永田　俺は天山さんをバックアップしたつもりですよ。天山さんと即席タッグで棚橋&中邑のIWGPタッグに挑戦したときも（05年1月30日／月寒グリーンドーム）、あの人は腰が悪かったんで、かなりサポートして。外敵や新・闘魂三銃士が台頭する中で、天山さんが『G1』で連覇したときは「よくやってくれた！」って思いましたね。ただ、あの人が小島さんとIWGPヘビーと三冠ヘビーのダブルタイトル戦をやって、時間切れギリギリのところで負けたのはショックだったな。あの試合直後、バックステージで棚橋に「よし、行こう」って声掛けてリングに向かったら、いの一番に中邑が挑戦をアピールしてたんで、俺は小島さんを蹴飛ばすくらいしかできなかったけど。

――小島選手がダブルチャンピオンという史上唯一の偉業を成し遂げたことについては？

永田　やっぱり同世代の枠から突き抜けようとしてたんで、意識はしましたよ。小島さんは全日本に移籍してから攻めのレスリングから受けのレスリングっていうか……、いや、間を取るようになりましたよね。受け自体は、そんなに好きな人じゃないと思うんで（笑）。

――もう一人の第三世代の雄である中西さんは格闘技路線以降、なかなかシングルで大きな結果を残せずにいました。どこか試行錯誤しているようにも見えたというか。

永田　あの頃の俺は中西さんに叱咤激励のつもりでいろいろ厳しいことを言っちゃったんですけど、いま考えると逆効果でしたね。時代の波に翻弄されて心を閉ざしがちだった中西さんに「オマエ、それでいいのか？」みたいなことを投げかけて、コッチとしてはそこから何か広がればって思ったんですけど、向こうには響かなくて。戦っても組んでも、中西さんとは心の距離ができた時間が、正直あったと思います。

――一方の永田選手は格闘技路線を経て、どこか吹っ切れたというか、ライオンのマスクを被ってライオン丸を名乗ったり、ドラゴンゲートのリングにタケちゃんマンのコスプレで登場したりしてましたね（笑）。

永田　タケちゃんマンは対戦相手が、ブラックデビルがモチーフのストーカー市川だったからですけどね（笑）。まあ、そのあたりから視野が広がったというか、自分からファンの中に飛び込むようになったんですよ。それは自主興行を始めたこともそうだし、〝人間・永田裕志〟っていう部分も知ってもらえたというか。レスラーって政治家に似てるなって思ったんですよね。地域の人たちと接して、ファンの人のニーズを知るのは大事だな、と。その少し先というか、「エッ、マジで？」って思われるものを提供して。棚橋や中邑が柱として育つ中で、「まだまだオマエらに負けないぞ！」っていう気持ちと同時に、自分は自由なスタンスで「オマエら、こんなことできないだろ？」って感じで、気づいたらタケちゃんマンにもなってた、と（笑）。

――06年5月にはご自分の会社であるナガタロックを設立されてますが、これも新日本の所属レスラーの中では独自の動きというか。

永田　ユークス体制になり、会社がまだ先行き不透明でしたから、ある方に「自分の中に柱を立てないと」ってアドバイスをもらったんです。そこで背中を見せてくれたのが、先にアリストトリスト（アパレルブランド）をやってた蝶野さんで。蝶野さんは昔からそうなんですよ、アメリカのｎＷｏにも自分から入っていって。俺がＷＣＷで修行中に蝶野さんが遠征に来て、一緒に行動した時期があったんですけど、あの人を見ていて勝手に学んだことは少なくないですよ。自分の身は自分で守るというか。

――永田選手の自主興行は、07年9月9日に地元の東金アリーナ大会を開催して以来、いまや年一回のライフワークのようになってますね。

永田　もう、営業から広報から何でもやってますよ。経理はカミさんに手伝ってもらって。「東金やっさまつり」っていう地元の祭りのときは出店に並んでブースを置いて、地道に宣伝してますから（笑）。ほかにもチケットを売るために、地元のロータリークラブに顔を出させてもらって、自分は何者なのか、何をやってきたのかっていうのを講話して。わりと同級生の連中が地元の企業の偉い立場になって、販売促進のための機会を設けてくれるんですよね。初開催のときから東金市長と県議会議員の方も来てくださって、徐々に協力者が増えて地元に浸透していったというか。

――ゆくゆくは永田選手も馳さんや西村修選手のように政治の世界に？（笑）。

永田　いやいや（笑）。俺は東金の名物でいいんですよ、東金を世の中に説明するときに〝永田裕志の故郷〟っていう風に持っていければなって。いまや東金大会には北海道から来てくれる人もいますからね。第三世代にスポットが当たるようなカードを組んで、ほかの興行と

毎年恒例となっている東金
での自主興行。レスリング
に取り組んでいる長男の
裕生くんも、地元の声援を
背に躍動する父親の勇姿
に熱い視線を注ぐ。

色合いが違う点が興味を持ってもらえるのか。ゆくゆくは自主興行も千葉エリアで年に3回くらい開催するのが理想ですね。もともと、地域貢献という意味では、スポーツに励む地元の少年の支援を目的に「永田ベースボールグランプリ」とか「永田裕志フットサルグランプリ」っていうイベントを開催してたんですよ。自分の故郷を盛り上げるのはやり甲斐も感じるし、性に合ってるのかなって思います。

不屈の青義軍

――07年4月13日の大阪府立体育館大会では、棚橋選手を下して約4年ぶり、二度目のIWGPヘビー級王者返り咲きに成功しました。

永田　あのときは「もう一度、永田に」っていうファンの中での機運があったというか、のちに青いボードに俺の名前を書いたファンを指して、〝ナガラー〟なんて言葉も生まれて（笑）。泥にまみれた永田裕志に対して期待の声が上がり、逆に王者の棚橋がブーイングにさらされた時代でしたね。新日本が集客に苦戦した頃ですけど、まずは「後楽園から盛り上げていこう」ってことで、IWGPヘビーの防衛戦を組んで。あの頃は使う会場も小さかったですけど、リングとの距離が近いぶん、俺たちの戦いの熱が観に来てくれたお客さんには伝わってたと思いますよ。その積み重ねで、いまみたいにデカい会場でまたやれるようになって。

――その二度目の王座戴冠時の防衛戦では、『アメトーーク！』（テレビ朝日）の企画の〝越中芸人〟でブレイクした越中詩郎選手や、ヒールとして頭角を現した真壁刀義選手と熱闘を繰り広げました。

永田　あの空間だけ見たら、とても〝プロレス冬の時代〟とは思えない盛り上がりでしたね。V10のときは得体の知れない相手を迎撃し、二度目の王者時代は棚橋や真壁、次の新日本を支える人材をさらに引き上げる時期だったと思います。真壁は俺たち先輩連中、後輩の棚橋や中邑、すべてに対してフラストレーションを抱えてたと思いますよ。その中でようやく自分を確立したというか、吹っ切れて。あの防衛戦で流血しながら「ウオー！」って雄叫びを上げながら立ち向かってくる姿は、対戦相手なのにちょっとシビれましたよ。表情もいいし、ファンの感情を揺さぶるものがあって。

――真壁選手の雑草時代はよく知られていますが、永田さんから見ていかがでしたか？

永田　アイツもちょっと甘い部分はあったんですよね。たとえば受け身にしろ、新弟子は吐いてでもやり続けるものなのに「すみません、できません！」って自分から音を上げちゃうと、先輩たちは鼻につくんですよ。ただ、それでいくらしごかれても、辞めなかったのは偉いですよ。俺は厳しくしつつも「がんばれよ」って励ましたほうだと思うけど、本人は「オメーも変わらねえよ！」って言いそうだな（笑）。でも、まさかアイツが芸能方面であんなに活躍するとは思わなかったですね。ただ、デビューのときからしゃべりだけは達者だったんですよ。若手なのに、試合時間よりもコメントの時間のほうが長いんだから（笑）。あれだけ堂々と語られると、周りは得体の知れないものを感じちゃうんですよね。人前に立つ仕事っていうのはハッタリが大事なんだなって、真壁に知らされた部分はありますよ。

――永田選手は第三世代の中では大きなケガでの長期欠場はないですが、08年2月17日両国大会の後藤洋央紀戦の直前に身体の不調を訴え、急遽欠場したことがありましたよね。

永田　あれは海綿状血管腫って言って、先天的なものもあるんでしょうけど、ストレスで酒を飲み過ぎたり、塩分摂り過ぎたりして血圧が上昇し、脳の血管から出血して。あのとき、林ドクターがリング上で「永田選手は脳梗塞の疑いが……」ってアナウンスしたんで、ざわつかせちゃいましたけど、3カ月で復帰できたし、そのあとも後遺症も何もなくて。たしかに長い欠場はこのときくらいですね。藤田に腰を蹴飛ばされて3大会くらい休んだとかはありましたけど、基本的に俺はラッキーでしたよ。ケガはいろいろしたんですけど、レスリングをやってた頃に東洋医学の整体術で治してくれる先生との出会いがあり、その方が体調を崩される近年まではずっと診てもらって。俺は身体のメンテナンスに関しては、相当投資してますよ。その甲斐あって、ここまで長期欠場もなくやれてるので。

——コンディション作りの賜物なんですね。そして、09年9月には井上亘選手と平澤光秀選手、そして参謀としてスーパー・ストロング・マシン選手も加わり青義軍を結成します。のちにキング・ファレ選手（現バッドラック・ファレ）も加入しました。

永田　もともと、俺が08年の『G1タッグリーグ』に平澤と出場して、そのときのチーム名が青義軍だったんですよ。そのあと、09年にヘビーで燻ってた井上に対する永田裕志の叱咤激励が恒例となり、俺自身が「これ、『スクール☆ウォーズ』みたいだな」って『東スポ』の記者に言ったところから、徐々に広がりを見せてユニット結成に至った、と。で、俺のリクエストでユニットの精神的支柱としてマシン選手に入ってもらったんですけど、あの人の存在は大きかったですね。魔界倶楽部も試合巧者のマシン（魔界1号）がいたからこそ成り立ってたと思うし、青義軍でも俺の暴走を止めるお目付け役というか。ファレに関しては、平澤が海外遠征に行くときに入れ替わりで入って。

——10年には井上選手との青義軍タッグでIWGPタッグ戴冠や、『G1タッグリーグ』優勝を果たし、ユニットとしての成果を残しましたね。

永田　青義軍は泥臭いユニットでしたけど、とくに井上は相当つらかったと思いますよ。俺にボロクソに言われて、「本当はこんなことやりたくない」って気持ちもあったかもしれないし。タッグリーグで優勝したあと、アイツが「コスチュームの色を変えたいんですが……」って自己主張してきたんですよ。「いいよ、べつに」って答えたけど、青じゃなく赤を履いたときは「ああ、もう辞めたいんだな」とは思いました（苦笑）。でも、結果も残すことができたし、とくにアイツがこだわってたのは「ファンと勝利を分かち合いたい」ってことだったんですよね。タッグリーグで優勝したときは、『スクール☆ウォーズ』の主題歌（『ヒーロー』）が流れる中、井上が泣きながらファンに祝福されてる姿を見て、「よかったな、井上の空間だな」って思いましたよ。

――その後、青義軍はそれぞれが独り立ちして解散となりましたが、ユニットを応援し続けた実況の野上慎平アナウンサー（テレビ朝日）は、現在も青義の心を掲げているというか。

永田　野上は俺の生き様に共感してくれて、我々を応援してくれましたよね。飯塚高史にいじめられてストレスで口内炎がいくつもできたりしたみたいですけど（笑）。何枚もYシャツを破られて、自腹で払ってるって聞いたんで、せめてと思って青義軍のTシャツをプレゼントさせてもらいましたよ。

メジャー3団体リーグ戦制覇

2010年5月3日の福岡国際センターで、井上亘と共にIWGPタッグ3WAYマッチを制して王座戴冠。

――2012年1月31日に所属選手の出席の元、新日本プロレスがブシロードの子会社となることが会見で発表されました。ほとんどの所属選手は、そのときまで知らなかったそうですね。

永田 俺はその会見前にそんな噂を耳にして、あるとき新日本の事務所で「新日本のオーナー、変わるんですか?」って、大声で聞いちゃったんですよ(笑)。あの発表会見のときに『東スポ』が〝新日本買収〟って書いたら、木谷(高明=新日本プロレスオーナー)さんが「この表現はイメージが悪い」って堂々と苦言を呈してたのには、「メディアにも屈しないんだ」って関心しました。ブシロード体制になった結果、いまの繁栄につながるわけですけど、新日本を世に出すための戦略が見事でしたよね。

――戦略の一環として選手がツイッターを始めましたが、永田選手のつぶやきは時折、物議を醸すというか(苦笑)。

永田 余計なこと書いて指導を受けることもありましたよ(苦笑)。なんか挑発みたいなリプライを飛ばしてくるのがいると、暇つぶしがてらについつい「うるせー!」って返しちゃうんですよね。あと、東京ドームの鈴木みのるの入場時にサプライズで中村あゆみさんが歌うのを、俺は発表済だと思って「リハが凄い」みたいなことつぶやいちゃって、「あれは悪いことしたな」って反省しましたけど(苦笑)。

――鈴木みのる選手とは、レスリング時代を含めて因縁関係が長いですよね。1・4東京ドームの大舞台でもシングルで三度にわたって対峙しています。

永田　とはいえ、新陳代謝の早い新日本の中で、アイツはフリーの嗅覚として、そのうち俺じゃなく棚橋とかオカダとかに目がいきましたよね。でも、いまはアイツも若い世代が伸びてくる中で、苦しんでると思いますけど。意外に思われるかもしれないけど、俺は鈴木みのるに対しては認めてるところがたくさんあるんですよ。やっぱり、格闘技からプロレスに来た人って順応するのが難しいんですよ。魔界倶楽部しかり、新日本にも一時期は多くの格闘家が上がってましたけど、気づけばいなくなってますから。そんな中、鈴木はもともと新日本育ちとはいえ、うまく順応してポジションを築いて。プロレスを本当に理解して、自分の感性を活かしたのはあの男だけだと思います。

――外敵として認めている、と。永田選手ご自身も外敵として、ブシロード体制に移行する前後から他団体で活躍する機会が増えていきました。11年には『NEW JAPAN CUP』優勝の勢いを駆って、全日本の『チャンピオンカーニバル』で優勝。13年にはノアの『グローバル・リーグ戦』でも優勝を飾り、新日本の『G1』含め、いわゆるメジャー3団体のシングルのリーグ戦を、すべて制覇する偉業を成し遂げて。

永田　その他団体に出るのが、自分のストレスのはけ口にもなったんですよ。昔に比べて新日本のリンクで、自分の活躍する場面が減ってきて。そこで他団体が永田裕志というものを求めてくれるなら、その期待以上に暴れてやるっていう。いま思うと、プロレスラー永田裕志の力を示したのって、新日本以外のリングのほうが案外多い気もしますね。ZERO－ONEの旗揚げに出たことや、ノアとの対抗戦の扉を開けたのとか。

――ベルトの戴冠歴に関しても、第三世代の中では永田選手が一番、他団体の至宝を巻いてます。全日本ではカシン選手と世界タッグ、そして秋山選手とアジアタッグ。ノアでは森嶋猛選手からGHCヘビーを奪取し、GHCタッグは棚橋選手と戴冠。ZERO－ONEでは田中将斗選手を下して世界ヘビーのベルトを奪いました。

永田　だから、一時期「永田はフリーになったほうがいいんじゃないか？」とか「他団体のほうが永田の魅力が出る」とか言われたりしたんでしょうね。他団体ではメインに出場するのに、新日本の第1試合に出ることもあったし。武藤さんが全日本にいた頃、「オメー、新日本だとよく負けてんのによお、ウチに来ると勝ちやがってよお」って皮肉まじりに言われましたよ。『チャンピオンカーニバル』で優勝したとき、その年の『プロレス大賞』の敢闘賞をもらったんですけど、武藤さんと「ウチの看板で賞獲ったんだから、ロイヤリティよこせ」「メシぐらいならおごりますよ」「カテェなあ！」なんてやりとりもありましたけど（笑）。

――その『チャンピオンカーニバル』の優勝決定戦の相手は、若き日のSANADA（当時・

真田聖也）選手でしたね。

永田　あのときはＳＡＮＡＤＡが準決勝で鈴木みのるに「大丈夫か、コレ？」っていうくらいボコボコにされて、かわいそうにって思いましたけど（笑）。ＳＡＮＡＤＡは当時から運動神経がよかったし、わりとパワーもあるんですよね。ベンチプレスで２００kgとか上げて。でも、力に頼らず当時からファイトスタイルはクラシカルで。あと、俺が他団体で「コイツ、スゲーな」と思ったのは諏訪魔ですよ。

――諏訪魔選手とは11年に三冠ヘビーのベルトを争いました。諏訪魔選手は永田選手と同じくレスリングで実績を残し、馳さんのスカウトで全日本に入団して。

永田　試合をしてると、子どもがなんでもほしがるみたいな欲張りなところがあったけど、体力も一発一発の威力もハンパじゃなかったです。ただ、華がないと言われた俺以上に華はなかったけど（笑）。彼も海外修行して、プロレスの幅を広げてたらもっと凄いレスラーになってたんじゃないかな。

――ノアでは２０１４年2月22日のディファ有明大会で、ＫＥＮＴＡ選手とＧＨＣヘビーを賭けて激突しましたね。現在、ＫＥＮＴＡ選手は新日本マットでＢＵＬＬＥＴ ＣＬＵＢのメンバーとして、独特の存在感を放っています。

永田　俺が当たった頃はバチバチのケンカ腰で来たから、コッチもおもいっきり蹴りを食ら

2011年4月13日には、全日本プロレスの『チャンピオン・カーニバル』優勝決定戦（後楽園ホール）で若き日のSANADAを下し、新日本のレスラーとして初優勝を飾った。

わせてやって。それこそKENTAは全日本とノアしか知らなかったのが、WWEで活動して戦い方の幅が広がったんじゃないかな。そこは肩の大ケガでスタイルを変えざるを得なかったのかもしれないけど、いまの新日本にうまく適応してると思いますよ。まあ、我ながら新日本以外の団体の若い世代とも、真っ向からやり合ったなって思います。40過ぎたあたりから周りが年齢のことを言い始めたんで、〝アンチエイジング〟を掲げて精力的に動きましたね。

第三世代の決起

――近年、第三世代が脚光を浴びた場面として、16年2月11日の大阪府立体育館大会での天山&小島vs永田&中西の試合後、永田選手が「俺たちは衰えてない！」と決起の声を上げ、当時NEVER王者だった柴田選手と抗争を繰り広げました。そして、永田選手は同年の5月3日、福岡国際センター大会で柴田選手を下し、48歳にして新日本でシングル王座戴冠を久々に果たして。

永田　大阪の俺たちのタッグマッチは前座でしたけど、その戦いに手応えを感じて「ここでもう一丁！」ってなったんですよね。それにファンも声援を送ってくれて、柴田も「ケツの青い先輩たち」って口は悪いけど、受け止めてくれたというか。俺は棚橋や中邑と比べると、柴田だけまともに抗争してないんですよ。これからってときにアイツは新日本を辞めちゃったから。実は柴田が05年に辞めるってときに道場に呼んで、「俺はオマエには残ってほしい、新日本に必要な人材だから」って引き留めたことがあって。でも、柴田は当時の会社への不満を拭いきれずに退団して。アイツは「辞めるのが新日本」って言ったらしいですけど、その言葉の意味は俺には理解できなかったです。

――永田選手にとっては「残ることが新日本」というか。そして、時を経て自分の目の前に立ちはだかった柴田選手はいかがでしたか？

永田　柴田はシングルで俺に勝ったことがなかったんですよ。それもあってか、前哨戦から打撃でガンガン激しかったですね。ベテランのマスコミが「昔の新日本を観てるみたいだ」って言ってましたから。コッチは柴田の蹴りで腕が内出血でモロに腫れあがり、アイツは俺のエルボーで歯が欠けて。キツいけど楽しい、そういう感覚でしたよ。

――柴田選手は17年4月9日の両国国技館大会でオカダ・カズチカ選手のＩＷＧＰヘビー級王座に挑戦し、惜敗を喫したあとに緊急搬送されて長期欠場に入りました。現在はロサンゼルス道場のヘッドコーチとして指導を行なっています。

永田　昔から柴田は一直線で、ケガばっかりしていて……。俺とのスパーで力が入りすぎて

2016年には柴田勝頼との接戦を制し、NEVERのベルトを奪取。第三世代の底力を見せつけた。

ヒザを痛めて、コッチの知り合いのところに治療に連れていったこともあったし。いまリングから遠ざかってるのは残念ですけど、アイツへの気持ちは、05年に辞めたときと一緒ですよ。新日本プロレスには柴田勝頼が必要なんです。このリングに上がるのに何が大切なのか、その根本を知ってる男ですから、いい選手を育ててほしいですね。

――同じ17年に、永田選手は「今年で最後の『G1』にします」と宣言されましたね。

永田　そこは次第に結果を残せなくなってきたのもあったんで。なんか、『G1』から撤退って告げたら、周りに「引退しちゃうのか？」みたいに取られたんで、逆に「このままじゃ終わらないぞ」っていう気持ちになりましたけどね。最後のファレとの試合のとき、ファンが「永田」って書かれたボードをたくさん掲げてくれてうれしかったですよ。大きく成長したファレも、見事に叩きのめしてくれて。

――青義軍時代の師匠越えを果たしたファレ選手は試合後、神妙な面持ちから永田選手にBULLET CLUBのハンドサインを差し出します。これに永田選手が敬礼で応えると、ファレ選手は敬意を示すように一礼し、場内は大きな拍手に包まれました。

永田　あとで「永田さん、あのとき感極まってましたね」って言われるんですけど、涙はこらえたつもりなんですよ（苦笑）。俺はファレがラグビーの実業団から新日本に入った頃から、わりと親しみを持って接していて。新日本って新弟子が入ってくると最初はみんな冷たくて、ある程度残ってから接し方を変えるっていう伝統があるんですけどね。でも、ファレは違った文化の中で大変だろうなと思ってたし。

――過去にファレ選手は「ナガタさんとナカムラ（中邑真輔）さんが、ケアしてくれなかったら辞めてた」と発言されています。

永田　それは俺も間接的に聞いたことありますね。ファレも最初はあんなに痩せてたのに、あそこまでデカくなるとは思わなかったな。アイツは頭がスマートなんですよ。新日本の道場で学んだことを活かして、ニュージーランドで道場を構えて若いヤツを教えてますからね。

――『G1』といえば、永田選手のバラエティに富んだ公開練習が名物になりました。08年のエアロビ特訓を皮切りに、09年のフラフープ、10年のラーメン屋修行、11年のダンス特訓、12年でアナウンサー講座と、想像の斜め上を行ったというか（笑）。

永田　これは新日本がまだ元気がない時代に、少しでも注目を集めようって始めたんですよね。それまでの公開練習って、当たり前だけどみんな真面目にやるわけですよ。そういう中で「こんなことやってんの？」っていうインパクトを与えようと思って、最初にエアロビをやったらＹａｈｏｏ！のニュースでも扱われて。そこからは昔のファンにも「いまの『Ｇ1』って、こんなことやってんの？」とか「永田がラーメン？　しかも公開練習？」とか、とにかく振り向かせたいっていう一心で。エアロビは俺のアイデアで、フラフープは嫁さんがヒ

自身最後の『G1』の相手はバッドラック・ファレ。試合後には「『G1』出場は今年で終わりますが、永田の挑戦は終わらないです。倒れてもそこから立ち上がるのが本当の強さ」とコメント。

『G1』の公開練習では、フラフープやラーメン作りなどさまざまなものにトライ。一見、プロレスとかけ離れた奇抜さに目が奪われがちだが、根底には深い（？）意味合いが込められていた。

ントをくれて。ラーメンはこの直前に、それ絡みの取材があったんで「今年の公開練習、これにするか！」って。公開練習のたび、「プロレスも初心に帰るという意味で、初めてラーメンを……」とか無理やり理由を作ってましたね（笑）。

――ダンス特訓からは〝ナガダンス〟も生まれました。

永田　ナガダンスは新日本のリングじゃなく、むしろ他団体で広まって。ノアのメインで俺が勝って、『ワールドプロレスリング』のテーマ曲に合わせてナガダンスをやるっていうのは、向こうのファンにしてみれば屈辱的なことなのに、俺の踊りにバカ負けしたのか、次第に手拍子が起こるようになりましたから（笑）。

――永田選手をきっかけに、ほかの選手も個性的な公開練習をするようになりましたよね。オカダ選手が国立競技場で50メートル走をやったり、中邑選手がドラムを演奏したりと。

永田　本間（朋晃）はバンジージャンプをやってたな（笑）。一見、試合に関係ないこととリンクさせたほうが、世間の目を引くんですよ。俺のラーメン特訓だって、ラーメン好きが観たかもしれないし。まあ、アホなこといろいろやりましたけど、それがいまの新日本の繁栄へと……、そこはべつに関係ないか（笑）。

中西との友情

――18年7月からは第三世代が一般の方々のトレーナーを務める『The Third Generation Club』(TTGC)もスタートしました。もともと、永田選手は12年の7月からブシロードクラブ(新日本が五輪出場を目指すレスリング選手の育成を目的としたプロジェクト)の監督兼スカウト部長に就任し、指導者として活動されてましたね。

永田　どちらも新日本が上向きになってきて、レスラーのセカンドキャリアを考えての取り組みだし、そういう役割を作ってもらえるのはありがたいですよね。TTGCに関しては、そもそも俺の中でもプロレス学校的なものをやりたいなっていう構想があったんですよ。ちびっ子レスリングや、新日本の入門テストに合格できるようなトレーニングを指導するコースを作って。そういう中で、TTGCはタイミング的にハマッたというか。新日本プロレスが世に認められるためには、こういう活動は大事ですし、会員さんも体力向上して楽しんで取り組んでるのが伝わってくるんで、やりがいを感じますよ。

――そのように第三世代の遺伝子を残す中、20年の2月22日には中西さんが引退試合を行ないました。身近な仲間の引退をどのように受け止めましたか?

永田　中西さんと一番付き合いが古いのは俺だし、いろいろ思うことはありますけど、これ

TTGCでは理論派の永田らしく、会員にわかりやすく指導。運動能力を発達させるメニューが目立った。

The Third Generation Club

The Third Generation Club

ばっかりは本人と会社の話し合いですから何とも言えないですね。あの人との関係は学生時代の昭和62年から平成、令和と続いてきて、俺たち二人にしかわからないものもいっぱいありますよ。

――1月7日に引退を発表してから最後のリングまで、永田選手は「覚醒させる」とサポートをされましたが、天山選手もかなり叱咤激励されたようで。

永田 いやあ、この数年の天山さんの中西さんへのダメ出しは凄かったですよ。「ニシオくん！ なんや、アレ!?」って（笑）。「マナバウアーってなんやねん？ ただのジャーマンやんけ！ テンポ悪いから、アルゼンチンいったらジャーマンやなく（ヘラクレス）カッターいけ、カッター！」ってアドバイスすると、中西さんは渋い顔をしながら「すみません」って謝り、俺は側で笑いをこらえて（笑）。

――永田選手から見て、中西さんはどのような方ですか？

永田 基本的に優しい人ですよ。それこそ俺が海綿状血管腫で倒れたときに、中西さんは自分のルートを使って、脳にいいサプリメントを手配してくれて。そのときに「コッチが一時期はあれだけボロクソ言ったのに、やっぱりデッカい人だな」って思いましたね。

――その永田選手の欠場のあと、今度は中西さんが11年6月から首のケガで長期欠場に追い込まれました。

永田　あのとき、俺は試合が休みで、三軒茶屋でメシ食ってたんですよ。そうしたら平田（淳嗣）さんから「中西が倒れた！」って連絡があって「マジですか⁉」って驚いて。でも、本人はわりとすぐに動けるようになったんで、その年の秋には復帰できるんだろうなって思ってたんです。当時、中西さんが全日本に上がる話があったんで、武藤さんからコッチに「オイ、中西、どうなんだよ？」って連絡が来て、「大丈夫みたいですよ」って答えたんですけど、リハビリ中にまた倒れて欠場がかなり延びちゃって。

――中西さんが都内の病院に転院してきたときに、永田選手は特上寿司と焼き肉弁当を持って見舞いに行かれたそうですね。

永田　病院食じゃ痩せちゃうし、本人が一番喜ぶものってなったら食べ物ですからね。でも、いまでも忘れられないですけど、真夏なのに中西さんは真っ白で、頭を坊主にしてヒゲは伸ばしっぱなしで、肩から下が「エッ⁉」ってビックリするくらい筋肉が削げ落ちちゃってて。それを見たときは、ちょっと動揺して言葉にならなかったですね。この人は60歳になろうが、150kgをアルゼンチンで担いでリングを一周する人だと思ってたんで、正直「これはちょっと、復帰は難しいんじゃないか？」って思ってしまって。でも、本人は手ぬぐいを握るリハビリを、汗をかいてずっとやり続けてるんですよ。

――ご本人はなんとしてもリングに戻ろうと懸命だったんですね。

永田　そのあと徐々に回復してきて、秋くらいからは道場に来るようになり、次第に身体も戻ってきて。で、首をやったのに本人は「ジャーマン、やりたいから」ってブリッジの練習をするんですよ。コッチが「無理しないほうがいい」って言っても、あきらめずに続けて。あの頃、中西さんは道場に朝の9時に来て、夜中の1時までいたらしいです。道場生はいい迷惑だっただろうし、ライガーさんに「オマエ、いい加減に帰れ！」って怒られるのは、悪気はないけどちょっと無神経な中西さんらしいんですけど（笑）。

――中西さんは12年10月8日の両国国技館での6人タッグで復帰を果たしますが、永田選手はストロングマンと共にトリオを組んでサポートしました。

永田　あのときはグッとくるものがありすぎましたね。「何が起こってもケツは拭いてやる」って思ったし、「よくぞ、ここまで」っていう。復帰戦のときは本人も意識的に絞って、118kgくらいでシュッとしてたんですよ。そのままキープしてくれればいいものの、すぐに130kg超えちゃいましたけどね（苦笑）。

――復帰して以降、間近で中西さんの試合ぶりをどうご覧になってましたか？

永田　ロープワークがさすがに遅くなっちゃって。でも、いつもストレッチを入念にやって、握力を鍛えてましたよ。きっと、自分の中で思うように動けなくて、ストレス発散にメシに走っちゃったところもあると思うんですよ。本人は受身が十分に取れないのを、そこまで気にすることはないっていうくらい「周りに迷惑かけて悪い」って落ち込んでましたから。本当はまだまだ現役を続けたかったでしょうけど、そういう思いが積もり積もって今回の決断だったと思うんですよね。

――でも、引退までの中西さんの暴れっぷりは見事でしたね。

永田　あれはもう、思い残すことはないでしょう。持てる技も全部出しきったし、出し切るように俺たちもお膳立てもしたし。まさか、最後の試合で俺自身がアルゼンチンで担がれて、相手に投げつけられるとは思わなかったけど、そこが野人たる所以というか（笑）。最後の引退セレモニーもあの人らしかったですね、泣きよりも温かい笑いが来て。本人の挨拶も「そこまで力まなくても」っていうくらいでしたけど、ああいう不器用なところが人の感情に訴えかけるものがあるんだと思います。

――中西さんの引退を実感する部分はありますか？

永田　俺の場合はパートナーがいなくなっちゃいましたからね。今年に入ってライガーさんと中西さんが立て続けに引退して、気づいたら俺が邪道と外道と並んで、新日本の現役で最年長なんですよ。ここまで来ると「レスラー生活で悔いを残したくないな」って思いますね。よく、「記録よりも記憶」って聞きますけど、俺は記録にこだわりたくて。記憶っていうのはいつかなくなっちゃうものだと思うけど、記録はずっと残り続けて、それがあるから記憶

中西学の引退試合では、アルゼンチンバックブリーカーの体勢から棚橋目掛けて投げつけられる一幕も。こんな荒技も信頼関係の賜物。

も蘇るというか。俺がＩＷＧＰヘビーの防衛記録を重ねてるときに「アイツは記録ばかり気にしてる」っていう批判も受けたんですけど、コッチからすれば「バカ言ってんじゃねえよ、記録があるから記憶を思い出すんだよ！」って。だから、最後に大きな記録を残したいとは思ってますけどね。

――ちなみにＩＷＧＰヘビーの最年長戴冠記録は、天龍さんの49歳10カ月です。

永田　今年で俺は52なんで。もし50代でベルトを巻いたら、またとやかく言われるだろうけど、我々の世代を応援してくれてるファンもいますから。いまは高齢化社会ですけど、数年前に日本老年医学会から「高齢者の定義を65歳から75歳に」っていう提言もあったし、限界への挑戦じゃないですけど、人間の寿命がどんどん伸びてる中で一つの答えというか、奇跡を残したいって思いますね。そこは自我を殺しつつも、アンチエイジングで虎視眈々と狙いますよ。

新日本の現役レスラーで最年長となった永田。
「どうせなら前代未聞の記録を目指したい」と鼻息を荒くする。

	12月31日◆さいたまスーパーアリーナでの『INOKI BOM-BA-YE 2001』で、初の総合格闘技ルールに臨むもミルコ・クロコップに敗北。
	12月◆プロレス大賞で敢闘賞と年間最高試合賞（6月6日／vs藤田）を受賞。
2002（平成14年）	1月4日◆東京ドームで秋山のGHCヘビーに挑むも敗北。
	2月16日◆両国で安田忠夫のIWGPヘビーに挑むも敗北。
	4月5日◆東京武道館で安田を下しIWGPヘビーを初戴冠。
	5月2日◆東京ドームで髙山善廣を下してIWGPヘビー防衛。
	10月14日◆東京ドームで藤田を下してIWGPヘビー防衛。
	12月◆プロレス大賞で年間最高試合賞（5月2日／vs髙山）を受賞。
2003（平成15年）	1月4日◆東京ドームでジョシュ・バーネットを下してIWGPヘビー防衛。
	3月9日◆名古屋レインボーホールで中西と60分時間切れ引き分けでIWGPヘビー防衛。
	4月23日◆広島サンプラザホールで安田を下して、当時のIWGPヘビー防衛記録となるV10を達成。
	5月2日◆東京ドームで髙山に敗れIWGPヘビー陥落。
	6月6日◆ノアの武道館で田上明との初対決に勝利。
	9月12日◆ノアの武道館で小橋のGHCヘビーに挑むも敗北。
	11月30日◆ノアの北海道立で棚橋弘至と共に小橋&本田多聞組を下してGHCタッグ初戴冠。
	12月31日◆神戸ウイングスタジアムの『INOKI BOM-BA-YE 2003』で、総合ルールでエメリヤーエンコ・ヒョードルに敗北。
2004（平成16年）	1月4日◆東京ドームでWJプロレスを離脱した直後の健介に勝利。
	1月10日◆ノアの武道館で棚橋と共に三沢&小川良成組に敗れGHCタッグ陥落。
	6月12日◆全日本プロレスの愛知県体育館でケンドー・カシンと共に、小島聡&カズ・ハヤシ組を下して世界タッグ初戴冠。のちにカシンが全日本を解雇となり、防衛期限切れのため王座剥奪。
2005（平成17年）	1月4日◆東京ドームでアルティメットロワイヤルに出場。
	1月30日◆月寒グリーンドームで天山と共に棚橋&中邑組のIWGPタッグに挑むも敗北。
	4月◆カシンの呼びかけで中西と藤田も含めたチームJAPANを結成。
2006（平成18年）	3月19日◆両国で山本尚史と共に蝶野&天山組のIWGPタッグに挑むも敗北。

HISTORY OF YUJI NAGATA

1992(平成3年)	9月14日◆松江市総合体育館での山本広吉(現・天山広吉)戦でデビュー。
1995(平成6年)	9月23日◆横浜アリーナで長州力のパートナーのXとして、UWFインターナショナルとの開戦に出陣。安生洋二&中野龍雄組に敗北。
	10月9日◆東京ドームで石澤常光(現ケンドー・カシン)と共に金原弘光&桜庭和志組に勝利。
1996(平成7年)	3月26日◆東京体育館での『ヤングライオン杯』優勝決定戦で石澤に敗北し準優勝。
1997(平成8年)	2月◆アメリカ武者修行に出発。
1998(平成9年)	8月8日◆大阪ドームの凱旋帰国試合で藤田和之と組み、中西学&小島聡組に敗北。
	9月23日◆横浜アリーナで自身初となるIWGPヘビー級王座戦。王者・蝶野正洋のベルト返上により、スコット・ノートンと新王者決定戦に臨むも敗北。
	12月◆プロレス大賞で技能賞を受賞。
1999(平成11年)	2月5日◆札幌中島体育センターで中西と共に天山&小島組のIWGPタッグに挑むも敗北。
	5月3日◆福岡国際センターで山崎一夫と共に佐々木健介&越中詩郎組のIWGPタッグに挑むも敗北。
	8月28日◆明治神宮野球場で中西と共に後藤達俊&小原道由組を下してIWGPタッグ初戴冠。
	9月23日◆日本武道館での『G1タッグリーグ戦』優勝決定戦に中西と共に臨むも、武藤&ノートン組に敗北。
	12月5日◆愛知県体育館で天山&小島組を下してIWGPタッグ防衛。
	12月◆プロレス大賞で技能賞を受賞。
2000(平成12年)	3月28日◆中西、吉江豊、福田雅一と格闘集団G-EGGSを結成。
	5月5日◆福岡ドームで小川直也&村上和成組を下してIWGPタッグ防衛。
	7月20日◆北海道立総合体育センターで天山&小島組に敗れIWGPタッグ陥落。
	10月9日◆東京ドームで中西と共に天山&小島組のIWGPタッグに挑むも敗北。
	11月30日◆広島サンプラザで飯塚高史と共に天山&小島組を下して『G1タッグ』優勝。
2001(平成13年)	3月2日◆ZERO-ONEの旗揚げ戦(両国)に橋本のパートナーとして出陣。プロレスリング・ノアの三沢光晴&秋山準組に敗北。
	6月6日◆日本武道館で藤田のIWGPヘビーに挑むも敗北。
	8月12日◆両国で武藤を下して『G1』初優勝。
	10月8日◆東京ドームで秋山と越境タッグを結成し、武藤&馳浩組に勝利。

	6月19日◆全日本の両国で諏訪魔の三冠ヘビーに挑むも敗北。
	12月4日◆愛知で棚橋のIWGPヘビーに挑むも敗北。
	12月◆プロレス大賞で敢闘賞を受賞。
2012(平成24年)	5月7日◆全日本の後楽園での『チャンピオン・カーニバル』準決勝で太陽ケアに敗北。
	9月9日◆東金アリーナでの20周年興行で秋山&望月成晃(ドラゴンゲート)と組み、中邑&オカダ・カズチカ&裕二郎組に勝利。
	10月8日◆両国での中西の長期欠場からの復帰戦で、ストロングマンと共にトリオを組み矢野&飯塚&石井智宏組と対峙。
2013(平成25年)	1月4日◆東京ドームで鈴木に勝利。
	11月10日◆ノアの後楽園で森嶋猛を下して『グローバル・リーグ戦』優勝。
2014(平成26年)	2月8日◆ノアの後楽園で森嶋を下しGHCヘビー初戴冠。以降、KENTA、杉浦貴、マイバッハ谷口、モハメド・ヨネを相手に防衛に成功。
	7月5日◆ノアの有明コロシアムで丸藤正道に敗れGHCヘビー陥落。
	9月23日◆コンベックス岡山で中西と共に天山&小島のNWA世界タッグに挑むも敗北。
2015(平成27年)	2月14日◆仙台サンプラザで中邑のIWGPインターコンチネンタルに挑むも敗北。
2016(平成28年)	5月3日◆福岡国際で柴田勝頼を下してNEVER無差別級を戴冠。
	6月19日◆大阪城ホールで柴田に敗れNEVER陥落。
2017(平成29年)	8月11日◆両国の『G1』最終公式戦でバッドラック・ファレに敗北。この『G1』が最後の出場に。
	10月21日◆東金で「永田裕志・中西学デビュー25周年記念試合」として中西との一騎打ちに勝利。
2018(平成30年)	2月3日◆全日本の横浜文化体育館で秋山と共に野村直矢&崔領二組とのアジアタッグ王座決定戦を制して王座戴冠。
	3月25日◆全日本のさいたまスーパーアリーナで中西&大森組を下してアジアタッグ防衛。
	7月29日◆全日本の大阪府立で野村&青柳優馬組に敗れアジアタッグ陥落。
2020(令和2年)	1月4日◆ドームで中西と共に天山&小島組に敗北。第三世代による最後のタッグ対決に。
	2月22日◆後楽園の中西学引退試合で、天山&小島&中西と組みオカダ&棚橋&真壁&飯伏幸太組と対戦。

	5月◆株式会社ナガタロックを設立。
2007（平成19年）	1月4日◆東京ドームで鈴木みのるの三冠ヘビーに挑むも敗北。
	3月21日◆後楽園で真壁を下して『NEW JAPAN CUP』優勝。
	4月13日◆大阪府立で棚橋を下してIWGPヘビー戴冠。
	5月3日◆後楽園で飯塚と共にジャイアント・バーナード&トラヴィス・トムコ組のIWGPタッグに挑むも敗北。
	8月12日◆両国で『G1』優勝決定戦に臨むも棚橋に敗北。
	9月9日◆地元の千葉・東金アリーナでデビュー15周年興行を開催。中西&大谷晋二郎(ZERO-ONE)と組み天山&真壁&矢野通組に勝利。
	9月24日◆広島サンプラザで中西と共にバーナード&トムコ組のIWGPタッグに挑むも敗北。
	10月8日◆両国で棚橋に敗れIWGPヘビー陥落。
2008（平成20年）	1月4◆東京ドームでカート・アングルとのIWGP 3rdベルト争奪試合に敗北。
	2月17日◆両国での後藤洋央紀戦の直前に身体の異常を訴え急遽欠場。以降、海綿状血管腫の疑いで3カ月欠場に。
	10月13日◆両国でZERO-ONEの田中将斗を下し世界ヘビー戴冠。
2009（平成21年）	1月4日◆東京ドームでZERO-ONEの田中を下し世界ヘビー防衛。
	2月27日◆ZERO-ONEの後楽園で大谷に敗れ世界ヘビー陥落。
	9月◆井上亘、平澤光秀、スーパー・ストロング・マシンと共に青義軍を結成。
	12月5日◆愛知で中邑のIWGPヘビーに挑むも敗北。
2010（平成22年）	5月3日◆福岡国際で井上と共にIWGPタッグ3WAYマッチ（王者組=裕次郎＜現・高橋裕二郎＞&内藤哲也。もう一つの挑戦者組=バーナード&カール・アンダーソン）に臨み、王座戴冠。
	6月19日◆大阪府立でのIWGPタッグイリミネーション3WAYマッチでバーナード&アンダーソン組に敗れ王座陥落（その他の挑戦者組は裕二郎&内藤組）。
	11月7日◆後楽園で井上と共に裕二郎&内藤組を下して『G1タッグ』優勝。
	12月11日◆大阪府立で井上と共にバーナード&アンダーソン組のIWGPタッグに挑むも敗北。
2011（平成23年）	1月4日◆東京ドームで鈴木に勝利。
	3月20日◆ベイコム総合体育館で中邑を下して『NEW JAPAN CUP』優勝。
	4月3日◆後楽園で棚橋のIWGPヘビーに挑むも敗北。
	4月13日◆全日本の後楽園で真田聖也（現SANADA）を下して『チャンピオンカーニバル』優勝。

〝野人〟

中西学

MANABU NAKANISHI

中西 学

MANABU NAKANISHI

1967年1月22日、京都府京都市出身。バルセロナ五輪にレスリング代表として出場した直後の1992年8月に新日本プロレス入門。同年10月13日、東大阪市立中央体育館で藤波辰爾と組み、スコット・ノートン＆スーパー・ストロング・マシン戦でデビュー。99年に『G1 CLIMAX』優勝。09年5月6日に棚橋弘至を下してIWGPヘビー戴冠。20年2月22日に現役引退。得意技はアルゼンチンバックブリーカー、ヘラクレスカッター。186cm、120kg。

五輪出場の実績と豪快無比なファイトで、誰よりも将来を期待された中西。格闘技路線に翻弄され、迷走した時期もあったが、待望のＩＷＧＰヘビーを初戴冠した姿は大きな感動を呼んだ。11年には脊髄損傷で長期欠場に追い込まれるも、不屈の闘志でカムバック。そして２０２０年２月、惜しまれつつリングに別れを告げた野人が、現役生活を振り返る。

新日本の嘱託社員

――中西さんはプロ入りする以前から永田裕志選手やケンドー・カシン選手（石澤常光）とは、合宿などで練習する仲だったそうですね。カシン選手の著書には中西さんと初めてスパーをしたときに頭突きをかまされ、そこから因縁が始まったと書かれていました（苦笑）。

中西　いやあ、コッチは両足タックルしか能がないんで、それで突っ込んだんちゃうかなあ？　名門の光星学院で多彩なレスリングを身につけて、それから早稲田に入ったカシンからすれば、俺とは技術の攻防ができずにやりづらかったかもしれないですね。コッチは京都の片田舎の学校（宇治高等学校）のレスリング部で、そこから箱根の山を越えて関東の大学（専修大学）に入るのは、俺が初めてだったんですよ。高校のときはグラウンドの技も二つくらいしか持ってなくて。ああ、カシンはそんなこと書いてましたか。因縁ねえ……。

――一方の永田選手の当時の印象は？

中西　永田はグレコローマンで日体大に入ったっちゅうのは、それだけでエリートなんですよ。スパーをやってもコッチはスイスイと脇をすくわれてしまって。カシンはフリースタイル、永田はグレコの申し子みたいなタイプでしたよ。でも、俺はどっちつかずで。当時から永田とは練習以外に、メシを食いに行ったりしてましたね。いま思えば「あのひねり方、教えてよ」とか、技術的なことも聞けばよかったんやけど（笑）。

――中西さんは永田選手より二学年上ですよね。大学の体育会系は上下関係が厳しいと思いますが、わりとフラットな付き合いを？

中西　そうですね。違う大学っちゅうのもあってか、「べつにタメ口でもええよ」みたいな感じで。その頃から永田は頭がキレましたよ。話もうまいし、噂が大好きで（笑）。プロレスも大好きだって言ってましたね。俺の場合、アントニオ猪木さんの異種格闘技戦にも興奮したし、全日本プロレスでジャイアント馬場さんがジャック・ブリスコやハーリー・レイスに勝つのをテレビで観て「やった、NWAや！　世界最高峰のベルトや！」って喜んでましたよ。いつかは自分もプロレスラーになりたいなって気持ちはありましたけど、どん臭かったし、学生のときは長州（力）さんに「コイツはちょっと難しいな」って思われてたんじゃ

1980年頃、大好きなプロボクサーの具志堅用高を真似たファイティングポーズ。少年時代は細身の体型。

1992年のバルセロナ五輪出場時にオリンピック選手村にて。この頃にはプロ顔負けの強靭な肉体を誇っていた。

ないかな。

——専修大の先輩である長州さんや馳浩さんがレスリング部の練習に顔を出すことも？

中西　たまに来られてました。長州さんが来ると、インターバルなしやからヘトヘトになるんですよ。そうすると、「動け！　気合い入れろ！」って檄を飛ばされて。長州さんと馳さんには俺がソウル五輪に出場できなかったときに「プロでやるか？」って声を掛けてもらったんですけど、そのときは「バルセロナ五輪に出たいので」って答えたんです。

——中西さんは大学卒業後、和歌山県庁でスポーツ指導員の仕事に就いたのち、新日本が五輪出場を目指すレスリング選手の育成を目的に創設した闘魂クラブに入られたんですよね？

中西　そうです。まず、地方公務員でレスリングができる環境として、和歌山が一番よかったんですよね。それで二年くらいいたんですけど、レスリングの重量級の練習相手がなかなか見つからなくて。当時は高校の柔道部の練習に混ぜてもらったんですけど、コッチは道衣をつかまずクラッチするんで、明らかに高校生は嫌がってましたね（苦笑）。あと、五輪を目指すには資金的にも厳しくて、少し借金もしてたんですよ。それで馳さんに相談したら、その借金を契約金みたいな感じでチャラにしてくれるという話から、闘魂クラブでお世話になることになって。

——事務所ではカシン選手と共にチケットの検印など雑務をされていたそうで。嘱託扱いで新日本の事務所で働きつつ、オリンピックを目指しました。

中西　俺がクレームの電話に出ると「あなたの対応、凄く悪いね」って、それ自体がクレームになっちゃって、「向いてへんな、デスクワークは」って思いました（苦笑）。で、昼メシ食ってから練習に行くんですけど、新日本の道場の合同練習に出させてもらうこともありました。闘魂クラブに入ってからは、国内の大会で負けることもなくなって、運よくオリンピックの日本代表になることができて。あの頃、馳さんは海外にも練習に出してくれましたね、ペンシルバニア州立大学とか。そのときに面識はなかったですけど、海外ではバルセロナ五輪代表のマーク・コールマン（初代『ＵＦＣ』世界ヘビー級王者）とか、アトランタ五輪で金メダルを獲ったカート・アングル（ＷＷＥ王者）と同じトーナメントに出場してたみたいです。

大物ルーキーデビュー

――バルセロナ五輪に出場した直後の92年8月、中西さんは正式に新日本に入団しますが、当時の寮はにぎやかでしたよね。共に〝アマレス三銃士〟と称された永田選手やカシン選手のほか、先輩の小原道由選手、西村修選手、天山広吉選手、金本浩二選手、小島聡選手、そして大谷晋二郎選手や高岩竜一選手もいて。この中で、中西さんが永田選手以外に手が合ったのは？

中西　俺より4つ下なんですけど、天山さんが兄貴分って感じでした。あの人は当時からプロレスが巧かったですよ、マットの中央でしっかり技を受け切る技術とか。私生活でも普段からしっかりしてたとは思うんですけど、橋本さん（真也）の餌食になるのは天山さんで（笑）。有名な話ですけど、橋本さんが空気銃で撃ったスズメを食べさせられて、天山さんに感想を聞いたら「噛んだら脳ミソのグニュッとした感覚があった」って言ってたんで、「それ、生焼けやないですか！」って（笑）。そのあとにひどい下痢が続いて、体重が激減しちゃって「シャレならんわ〜」って言ってましたね。

――中西さんもわりと橋本さんにはかわいがられたんだとか？

中西　橋本さんとはよく釣りに行きましたね。みんなは嫌がるんやけど、俺はあの人と遊びに行くのがおもしろかったんで。でも、橋本さんは短気なところがあって、すぐに竿を上げちゃうから全然釣れないんですよ。だから「なんでオマエばっか釣れるんや！」って怒ってましたけど（笑）。あと、台風のときに「中西、行くぞ！」って声を掛けられて、道場近くの玉川の水門まで投網を投げに行くんですよ。魚とかカニが集まってるんで。それを茹でるんやけど、太（ふとり）さん（当時の寮の料理人）に「クサくてかなわんから捨ててくれ！」って文句言われて（笑）。あと、橋本さん絡みだと、小島さんのセミ事件っちゅうのもありましたね。

――橋本さんが道場近くの等々力渓谷でセミを大量に集めて、小島選手の部屋にバラまいたお話ですね（笑）。

中西　あのとき、俺が自分の部屋で寝てたら、小島さんが「あの、ちょっと、お願いがあるんだけど」って来たんですよ。「なんすか、眠たいんですよ」「ちょっと、セミがいてね」「そりゃ夏なんやし、セミくらいいるでしょ」「いや、部屋にいて。ちょっと、駆除してもらえないかなあ？」ってなって、「なんで俺がそんなことせなアカンねん」と思いながら小島さんの部屋を開けたら、セミの大群がドワーッて（笑）。あのときは「よくもこれだけ集めはったな、さすが橋本さん」って感心しましたねえ。ご丁寧にベッドの中までセミを仕込んでましたから。小島さんは虫が苦手なんですよ。番組の企画で釣りをやったときも、小島さんはエサ用の虫を怖がって「触れない～」って（笑）。まあ、あの人はわりとポンコツのフリをしたりするんで。

――フリというのは？

中西　たとえばキャンプの企画のときも、火の起こし方がわからないからって、ボーイスカウトの経験がある永田に任せっきりにして。あと大食い企画のときに、普通なら朝昼のメシを抜かすところを、あの人はキッチリと食べてきて「食べられない～」って（笑）。計算なんかわからないですけど、かわい子ブリッ子みたいなところがあるんですよ（笑）。

1992年8月にプロ転向を『G1 CLIMAX』のリング上で発表。それからわずか2カ月後の『SGタッグ』で藤波辰爾のパートナーとして大抜擢を受け、デビュー戦に臨んだ。

――小島選手は愛嬌があるというか（笑）。道場生活でいうと、わりと中西さんも〝伝説〟を残してませんか？

中西　「やってもうた！」っていうのは日常茶飯事でしたねえ。風呂を沸かしすぎて、（獣神サンダー・）ライガーさんに「オイ、なんかコーヒーが飲めるくらいに沸騰してねえか？」って言われて、「まずい！　練習終わりで先輩たちが風呂に入れへん！」って必死に水で薄めたり、乾燥機に無理やりスーツを入れたらビリッと破れちゃったり。あと、デッキブラシで風呂の汚れを取ってたら、力を入れすぎて「バキッ！」って折れたブラシの頭の部分が吹っ飛んで、窓ガラスが粉々になって「ああ、またや」とか（苦笑）。そんなんばっかりで、よう怒られてましたよ。俺は永田やカシンと違って要領悪かったし。まあ、青春の日々っちゅうか（笑）。

――そんな中西さんは入門からわずか2カ月後の92年の10月13日、東大阪市立中央体育館大会で藤波辰爾選手と組んでスコット・ノートン&スーパー・ストロング・マシン組を相手にデビュー戦を迎えました。このときは『SGタッグリーグ戦』で藤波選手のパートナーだったビッグバン・ベイダーが緊急欠場となり、代役として大物ルーキーの中西さんが抜擢されて。

中西　華々しいデビューではありましたけど、俺がどうこうっていうより、話題性がほしかったってことでしょうね。あのときはコスチュームが間に合わなくて練習着だったんですよ。イメージ的にはリック・スタイナーさんで。俺は凄くプレッシャーに弱いタイプやから、何日も前からデビューの日を知らされるよりは、ああいう突発的な形でよかったたんちゃうかなって思いますね。

――当時、若手選手たちからジェラシーのようなものは感じましたか？

中西　たぶん、そういう目で見てたとは思うんやけど、当の本人は鈍感なんで（苦笑）。大物ルーキーって言われても、若い頃に練習で佐々木（健介）さんとか長州さんに誰よりも怒られたのは俺やと思うし、やっぱり受け身とか物覚えも悪かったですからね。雑用にしろ、必ず何かしらポカをして。でも、先輩も厳しいだけじゃなくいろいろかわいがってもらいましたよ。佐々木さんもメシにはちょくちょく誘ってくれたし、あの人の地元の福岡でファンイベントがあるときは、必ず俺に声を掛けてくれましたから。

――先輩からすれば中西さんは一目置く部分と、ダメ出ししたくなる部分があって、かわいがられたんでしょうね。

中西　メシ連れてっても、絶対にまずいって言わないからちゃいますか？（笑）。当時、藤波さんの付き人をやってて、あの人はグルメな方なんで高級フランス料理店とか連れてってくれるんですよ。でも、ああいうところは料理が出てくるのがゆっくりやから、先にフランスパンばっかり食べてたら、藤波さんに「パンだけで何本いくつもりだ？ ワインじゃないんだから」って言われて（苦笑）。藤波さんの家でバーベキューをやるときも、もの凄い量の食事を用意してもらえるんですよ。でも、奥さんが料理上手なんでナンボでも入りましたね。

――いまでこそモンスターモーニング（中西がツイッターでアップするバイキングの朝食風景）が有名ですけど、当時から食欲は規格外だったんですよね。そのわりには太らなかったというか。

中西 まだ若くて代謝もよかったし、寝て起きるだけで5000キロカロリーくらい、使ってたんちゃうかな（笑）。藤波さんも俺につられて食べちゃうもんだから「オイ！ 俺、太っちゃったよ！」って苦情を言われましたよ。高校の合宿のときとか、監督に「オマエは重量級なんやから食べるのも練習や！」って言われて、山盛りのカレーとか何杯も延々と食べるんですよ。その食べてる途中でトイレに行って出して、また体重が戻って「あ〜あ、せっかく食うたのに」みたいな（笑）。でも、その蓄積で段々大きくなっていって。レスリング始めた頃は65kgしかなかったのが、いまは倍になりましたからね。

――130kg近くもあるのに、いわゆるアンコ型じゃないのが凄いですよね。

中西 たぶん、大食漢なのは遺伝もあるんですよ。ウチは大昔までさかのぼると、大きな湖みたいな池の浮島に住んでたんですね。で、日常的に鮒とか鯉とかナマズなんかを食べてたと思うんで、当時にしてはタンパク質を多く摂取してたというか。俺の親父も身長が180近くで体重は90kgくらいあって、昔の人にしたらデカいですからね。

苦労のクロサワ

――中西さんは鳴り物入りでデビューを果たしたものの、その後は主に同世代の選手たちと前座戦線でしのぎを削ることになりましたが、何か思うことはありましたか?

中西　いや、それでいいんですよ。鳴り物入りと言ったって、そこからうまく立ち回れるほどの器用さがないのは自分でも理解してたんで。同じ時期に専修大で3年後輩だった秋山(準)が全日本プロレスでデビューしてたんですけど、彼はレスリング部の頃から凄く器用だったんで「俺は真逆なんやから、同じようなものを目指しちゃアカンな」って思ってました。コッチに対して、ファンはもっと活躍を期待してたかも知れへんけど、俺はアマレスだってモノになるまでに10年かかったし、プロの世界で一端になるには少なくともそのくらいかかるやろなって。

――その後、デビュー3年目の95年に『ヤングライオン杯』で優勝を飾ると、同年7月から

1995年の『ヤングライオン杯』では公式戦で永田裕志に敗北。
しかし、優勝決定戦で永田に雪辱を果たし、若手の頂点に立つ。

は〝クロサワ〟のリングネームで、新日本と業務提携していたアメリカのメジャー団体WCWに長期遠征に出発します。

中西　あのリングネームはマサ斎藤さんがつけてくれたんですよ。世界に通用するようにってことで、映画監督の黒澤明から取ったのかと思ったら「世界のクロサワ？　違うよ、苦労するようにクロサワだよ」って（苦笑）。まあ、たしかに何かといらん苦労もしましたけど（笑）。

――中西さんはデビュー当初、憧れのレスラーとしてマサさんの名前を挙げてましたよね。

中西　元は猪木さんや馬場さんが好きだったんですけど、レスリングをやりだしてからはマサさんの凄さがわかったというか。マサさんは俺と同じようにアマレスで五輪に出場して、そのあとは日米を股にかけて活躍した人ですからね。マサさんは東京五輪のときにフリースタイルでもグレコローマンでも出場できたらしいんですけど、グレコのほうはサンダー杉山さんに譲ったっていう話を聞いて「どんだけ強いねん！」って驚いて。マサさんにはあの大きなベイダーもノートンも、クラッシャー・バンバン・ビガロもトニー・ホームも「ヘイ、マサ！」とかじゃなく、一礼して敬意を払うわけですよ。そういう姿を見て「カッコいいなあ」と思いましたね。

――身近で接したマサさんはどういう方でしたか？

中西　俺が新日本に入った頃、マサさんは50くらいだったと思いますけど、一緒にメシに行っても驚くくらいガンガン食べるんですよ。いつも「やっぱ、夜は食べないとねえ」ってニッコリされるたび、「夜にこんな食べて大丈夫なんか？」って思いましたけど（笑）。あと、マサさんに「オイ、イモもポテトもちゃんと食べろ！」って言われて「どっちも一緒ですよ！」って突っ込んだこともありましたね（笑）。やっぱりマサさんにしろ長州さんにしろ、昭和のレスラーは俺から見ても食いっぷりがよかったですよ。

――マサさんは豪快なイメージがあるというか。

中西　あの人は難しいことが嫌いでしたね。俺がわりとしょうもないことにこだわったりするんですけど、よくマサさんには「オマエは細かいよ、グチグチ言うな！」って注意されて。俺が先輩たちに「身体のわりに小さく見えるな、自信がないからだ」って言われるのとは逆に、マサさんは背が大きくないのにデカく見えるんですよ。俺は長州さんや馳さんに対しては、なかなか意見はできなかったですけど、マサさんとはいろいろお話させてもらいましたね。プロレスについて自分の意見を言ったときに「なんだ、わかってんじゃん。何も考えてないと思ったら」って言ってくれたこともあったし。

――マサさんは海外コーディネーターとしても活躍されましたが、中西さんはＷＣＷ遠征でもお世話に？

WCWに黒づくめのヒール、クロサワとして殴り込み。遠征当初はトップ陣との対戦が組まれるも……。

中西　そうですね。あの頃は免許を持ってなかったんで、車でいろいろ連れてってもらいましたよ。一回、トイザらスに行った帰りの車中で「すみません、もう一回戻ってもらえませんか?」「なんで?」「いや、珍しいオモチャが多かったんで、もっと知り合いにお土産を……」「自分で行ってこい！　俺はオマエの運転手じゃないよ！」なんて怒られて。マサさんの好意に甘えまくって、とんでもないヤツですよ（苦笑）。

――クロサワはWCWマット参戦当初こそトップ陣と対戦しましたが、試合中のアクシデントでホーク・ウォリアーの腕を折ってしまって以降、徐々に出場機会が減っていったそうですね。

中西　ホークの件も原因の一つやし、アメリカンプロレスの世界で別の自分に成りきるっていうことができなかったっちゅうか……。口が重くなるな、この話題（苦笑）。あのとき、キング・ハクさんがいろいろとサポートしてくれたのはありがたかったですけどね。向こうはスタジオマッチが多かったんで、試合中にカメラを意識して大きく見せることを教えてくれて、その後に活きましたし。

――新日本マットで現在活躍中のG.o.D（タマ・トンガ&タンガ・ロア）の父親であるハク選手は、レスラーの誰からも一目置かれる選手だったそうですね。

中西　なんちゅうてもケンカがバカ強いんで。昔、会場で暴動騒ぎが起きたとき、大立ち回りを見せたハクさんに警備員が催涙スプレーを噴きかけたのに、全然効かなかったらしいですから（笑）。あと、あの人は顔が広いんですよ。日本の自動車会社のアメリカ文社の顧問とか、大学のフットボール部のコーチとか、いろんな活動もされてて。ハクさんのほかにも、俺と同じアパートに住んでたカーネル・ロバート・パーカーさんとか、シェリー・マーテルさんには何かと世話になりましたよ。

――そのほかにアメリカでの思い出は？

中西　試合数が減ってからはトレーニングをガンガンやって、あとはハンバーガーとパンケーキを食いまくってました（笑）。レストランでもウェイトレスに「ここは何が美味しいの？」って聞いて。アメリカの食べ物は大雑把やけど、栄養価が違うんですよね。旨み一つにしろ向こうはバター文化で、日本みたいにダシから取る文化じゃないから、そりゃ身体もデカくなるなって思いました。「とにかく身体を大きくして、日本に帰ってからが勝負やな」って感じでしたよ。

――東洋人にしては身体が大きいということで、中西さんは現地でモテたというお話を伺ったんですが？（笑）。

中西　いや、モテたっちゅうか、珍しがられたんでしょうね。国籍不明じゃないけど、日焼けをすると「アナタ、サモア人？」って声を掛けられましたから。「ノー、ちゃいますよ～」

「じゃあ、ハワイの人～？」「ちゃいますよ～」「どこの人～？」「ジャパニーズ～」「エエッ？日本人ってもっと小さくて、目が細いんじゃないの？」って感じで（笑）。

――そこはいい思い出みたいですね（笑）。そして、96年9月に凱旋した直後には〝クロサワ九番勝負〟が行なわれ、この年の『G1』優勝者である長州さんや、海外の大物であるリック・フレアーなどから勝利を収めインパクトを残しました。同世代のレスラーたちも、あの快進撃には驚いたそうですが、ご本人はいかがでしたか？

中西　いやあ、本人は事の大きさをわかってなかったです（苦笑）。ファン時代はNWAに興奮してたクセにフレアーに勝っても、自覚が足りなかったというか、ボーッとしてたんでしょうねえ。キャリア4年でそれだけ活躍の場を与えられてたのに。

――永田選手がおっしゃっていたのが、この九番勝負の終盤に当たったアニマル・ウォリアーが、ホークの仕返しをするんじゃないかというウワサがあったらしくて。

中西　……全然覚えてない！（笑）。試合中にヘンな動きがあったのか、それを封じ込めたのか、そもそも気づかなかったのか（苦笑）。まあ、いかにその頃の俺がフワフワしてたかっちゅうことですね。当時、先輩たちに怒られたり、アドバイスをもらったりしても、まだ自分のプロレスのスタイルが固まらず、いっぱいいっぱいだったんやと思います。結局は模索っちゅうか、試行錯誤っちゅうか、海外から帰ってもしばらくはそんな感じでしたね。

第三世代初の『G1』制覇

――96年10月からは小島選手と組んで『SGタッグ』に出場し、以降も「ブル・パワーズ」のチーム名で活動します。小島選手は「お互いにトンガってた時期だったんで、けっこう反発しあってた」と振り返っていますが、中西さんはいかがでしたか?

中西　俺にとっては模索の象徴みたいなタッグですよ(笑)。たとえばタッグマッチでサンドイッチラリアットをやったんですけど、俺の拳が小島さんの右目におもいっきり直撃して、入院することになっちゃって(苦笑)。その前から仲はよくなかったんですけど、アレが致命的だったんですかねえ。ラリアットした相手じゃなく、小島さんがブッ倒れてるから「どうしたの?」って聞いたら、「クゥッ……」って力ない声で。

――まさか味方からダメージを受けるとは予想してなかったでしょうね(苦笑)。

中西　これは完全に目測を誤った俺が悪かったです(苦笑)。そのあと、小島さんがファンイベントに出られなくなって、会社から「オマエが責任取れ」って言われたんですよ。で、小島さんのファンがいっぱい待っているところにケガさせた俺がノコノコ行ったら非難轟々かなってドキドキしてたら、温かく迎えてもらって。まあ、小島さんの欠席理由を説明しなかったからでしょうけど（笑）。そのとき、けっこういいギャラもらったんですけど、いま思うと小島さんにもわけるべきやったな。そういうのが積もり積もって、仲がますますギクシャクしたのか（笑）。

――ブル・パワーズについて、小島選手としては中西さんへのジェラシーが強かったそうです。中西さんはあのタッグは何が不満だったんでしょうか？

中西　そもそも、僕と合う人間もなかなかいないっちゅうか（笑）。いや、小島さんは普段、「僕、できな〜い」みたいな感じやのに、リングに上がると豹変するんで「この男だけは！」っちゅうのがあったんじゃないですかね。オンとオフの差で言ったら、第三世代で一番ですから。

――とは言え、ブル・パワーズは97年5月3日の大阪ドーム大会で長州&健介組を下して、ＩＷＧＰタッグを奪取しています。これがお二人にとっては初のベルト戴冠でしたね。

中西　あのときは小島さんがドラゴンスリーパーで長州さんに勝って、「こんな技使えたんや、知らなかった！」って思いましたよ（笑）。当時の小島さんはバリバリのパワーファイターでしたからね、ゼロから一気に持っていく瞬発力が凄くて。コッチは徐々にエンジンかかるタイプなんで、同じパワー系でもスタイルが違うんですよ。そこを当時は理解できなかったというか、「うまくいかへんな」っちゅうのでイラついてた気はします。まだ、キャリ

97年5月に小島聡とのブル·パワーズとしてIWGPタッグを初戴冠。しかし、
防衛回数は一度のみで、タッグチームとしての活動は短期間に終わった。

アが浅かったですね。

――90年代は闘魂三銃士時代がトップに駆け上がり、そこに次世代を担う選手たちが食いついていくという時代でした。その中、99年の1・4東京ドームで橋本真也vs小川直也の不穏試合があり、あそこが以降の新日本の大きなターニングポイントになったと思いますが、試合後の乱闘騒ぎでは中西さんもかなり興奮されてましたよね。

中西　あのときは控室のモニターで試合を観てて、「これ、おかしいな？」ってなってリングまでバーッて走って行って。試合がノーコンテストで終わって両陣営が揉み合ってるときに、俺は小川選手の顔面を張っちゃったんですけど、それだけ腹が立ってたんでしょうね。橋本さんの顔面をボコボコ殴って、倒れてる相手の頭を踏みつけて、そんなもん許せへんかったし。「プロレスのリングなのに、どういうことや？　来るんやったらやったるで⁉」っちゅう感じでしたよ。いや、あんなん腹立つでしょ？　そこで一番エキサイトしてたのが飯塚（高史）さんですよ。それで村上（一成）とああいうことになって。

――村上選手が新日本勢との乱闘でこん睡状態になり、その後は飯塚選手と遺恨闘争を繰り広げて。

中西　やっぱり、レスラーが試合をブッ壊されたときの怒りっていうのはありますよ。普段はおとなしい飯塚さんが怒り狂ってたのが、あの試合がおかしかったのを物語ってたんじゃないですかね。

――中西さんは小川選手と同じバルセロナ五輪に出場していますが、過去に何か接点は？

中西　いや、とくにないです。たまに柔道の選手がレスリングの練習に参加してましたけど、小川選手はいなかったし。レスリングって、柔道にコンプレックスがあるんですよ。オリンピックでメダルを獲っても、注目されるのはレスリングより柔道のほうなんで。だから、俺が練習で柔道の選手を転がすと、コーチ陣は喜んでましたね。そういえば闘魂クラブのときに、レスリングのコーチに「柔道の小川に金メダルを獲らせるために、一緒に練習してくれないか？」って頼まれたことがあったんですけど、会社通してじゃなく個人レベルだったんで断ったことがあって。たぶん、小川選手はこの話を知らないと思います。

――ちなみにこの1・4東京ドームと前後して、中西さんには当時〝400戦無敗の最強の男〟として注目されていた、ヒクソン・グレイシーとの対決案が持ち上がったそうですね。

中西　それは長州さんに言われたんですよ、「オマエ、可能性あるぞ。いつでもいけるようにロープ昇りと、スタミナつけるのに走り込みをもっとやれ」って。ただ、総合用の出稽古に行ったとかはなかったですけどね、言われたことをやっただけで。結局、話も具体化はしなかったんで。

――最終的にヒクソンサイドと条件が合わなかったそうですね。当初、長州さんは総合格闘技について「ウチの選手にああいうことはやらせない」と言っていたのが、時代の流れの中で見過ごせなくなっていたというか。

中西　あの頃はプロレス界で新日本以外の選手がそういう試合をすることも増えてきてたから、長州さんとしては一つのケリをつけたかったんじゃないですかね。ＵＷＦインターナショナルとの対抗戦みたいに。

――それだけ長州さんも中西さんに期待を寄せていたんでしょうね。このヒクソン戦の話がなくなったあと、中西さんは99年の『Ｇ１ ＣＬＩＭＡＸ』の優勝決定戦で武藤敬司選手を撃破し、初制覇を果たします。同世代では初の快挙となり、新時代の到来を感じさせました。

中西　「これが俺のプロレスや！」って手応えをつかみ出したのが、その『Ｇ１』なんですよ。あのときは開幕直前に足が肉離れを起こしたんで、とにかく向かってきた相手を強引につかんで、力任せにどうにかするっていう感じで。本当は足が悪いんだから、踏ん張るのはよくないんやけど、そこまで考えなかったんやろうな（苦笑）。でも、そういう戦い方が他のレスラーにはできへんことやったし、自分のスタイルにつながって。それまでは人との違いを見せなアカンのに、真似しようとばかりして、しかも不器用やからうまくいかなかったんです。でも、その『Ｇ１』で少し何かが見えたというか、「ヨシッ、これでメシ食っていくんや！」っちゅう感じで。当時はプロレスが楽しくてしゃあなかった頃ですよ。

――まさにケガの功名から生まれたわけですね。その足の肉離れは、『G1』開幕前に棚橋弘至選手と練習しているときのアクシデントだったんだとか？

中西　いや、なんか「足をケガしたのに優勝した」って美談みたいになってるんですけど、実際のところは練習じゃなく、そのあとにレクリエーションでやったキックベースが原因なんですよ。ピッチャーの俺に対して、棚橋をはじめ相手チームがチョコンと蹴って内野安打にするっていう戦法を取ったんで、コッチも疲れたんでしょうね。最終的にピッチャーフライを捕ろうとしたときに、足がもつれてケガして。棚橋はピュアな部分があるから、自分のせいだと思ったんやろうけど、コッチとしては「恥ずかしいからケガしたこと言わんといて！」っちゅうか（笑）。ケガしたのを長州さんに報告したときは凄い怒られましたよ、「オマエ、人に期待されてんのになんだコラ！　しょっぱいケガしやがってコラ！」って。まあでも、災い転じて福となすじゃないけど、結果的にあの年の『G1』は最終日に公式戦で橋本さん、優勝決定戦で武藤さんと、スター二人に初めてシングルで勝つことができたんで、やっぱり感慨深いものがありましたね。

〝野人〟中西学

99年には第三世代で一番乗りとなる『G1』優勝。最終日の公式戦で橋本真也をレッグブリーカー、優勝決定戦で武藤敬司をアルゼンチンバックブリーカーに斬ってとった。

したね。

――98年頃からは永田選手とのタッグを本格スタートさせ、中西さんが『G1』初優勝を飾った直後の8月28日の明治神宮野球場大会では、後藤達俊&小原道由組を下してIWGPタッグを戴冠しました。この頃からテンコジタッグとの第三世代対決が、一層白熱していきましたね。

中西　俺と永田のタッグはお互いにやることがまったく違ったんで、それが観ているファンもおもしろかったんじゃないですかね。永田がコッチを操縦するっていう風に見えるのが一番ええと思ってたし、それでアイツのクレバーなキャラクターも立っていったっちゅうか。相手の天山さんと小島さんは若手時代から切磋琢磨してきたからやりがいがあったし、「あの二人とならいい試合になる」っちゅう信頼感もありましたよ。あそこは天山さんがドッシリ構えて、小島さんが機動力でいくっていうスタイルでバランスがよかったと思います。あの二人の連携を見ると、支えるほうが天山さんで仕掛けるほうが小島さんで、役割分担がうまくできてて。

――永田選手とは00年3月には吉江豊選手や福田雅一選手、のちにブライアン・ジョンストンも加わったG-EGGSを結成されました。

中西　あの頃は勢いに乗ってたし、あれはあれでおもしろかったですよ。当時、格闘技路線の中で、永田がプロレスとうまく融合させた試合をやってて「おー、さすがやな」って思いましたね。スタイルが固まりつつあった自分も「そういうエッセンスを取り入れようかな」と考えたんですけど、ちょっと中途半端になったかな。当時、「中西はレスリングのテクニックを使ってない」とか言われたんですけど、そうじゃないものを見せたほうが永田とも差別化されておもしろいと思ったし、どこか迷いがあったっちゅうか。そう考えると、自分のスタイルが本当に完成したのは、新日本が格闘技路線を抜けてからでしょうね。

――G－EGGS時代の中西さんは〝P4メッセージ〟というハンドサインもありましたね。「問題（Ｐｒｏｂｌｅｍ）」に「耐える（Ｐｕｔ ｕｐ）」ことで「願いが叶う（Ｐｏｓｓｉｂｌｅ）」のが「約束される（Ｐｒｏｍｉｓｅ）」という4つのPから成るものでした。

中西　あれは仲間内で考えたポーズだったんですよ。何か自分のオリジナルのものがほしくて。でも、ちょっとあのハンドサインの指の形が複雑すぎて、わかりにくかったですね。本人も「アレ？　こうやったかな？」ってなったくらいやし、ただ右腕を突き上げるだけの「ホーッ！」のほうがよっぽど浸透したんちゃうかな（笑）。

――ハンドサインは問題があった、と（苦笑）。この頃の中西さんの試合では01年5月2日の福岡ドーム大会で、長州さんと組んで小川直也&村上和成組と対峙した一戦が刺激的でし

大学の後輩である中西を厳しく指導した長州力だが、一方でその素質を高く評価。小川直也との危険な遭遇では、パートナーとして中西を帯同した。

た。長州さんと小川選手の危険な遭遇が実現し、中西さんがその用心棒的な立場だったというか。

中西 あの試合前、長州さんが言うてはったんですよ。「いいか、場合によってはグーでガンガンいくぞ」って。でも、俺としてはそれだけは絶対にイヤやったんです。そんなん、これまで自分が信念持ってやってきたこととちゃうし。ただ、その代わりに俺はチョップをガンガン入れたんですよ、相手が骨折したんちゃうかなっていうくらい。コッチの手も試合後に見たら腫れてましたからね。当時の新日本は格闘技路線に傾いてましたけど、俺はプロレスルールでやるなら、自分が食ってきたものにプライドを持ってリングに立たないとなっていう気持ちでしたよ。

――格闘技路線でいうと、00年1月に新日本を退団した藤田和之選手、同年8月にカシン選手がPRIDEのリングに参戦しました。そして、永田選手が01年の大晦日に『INOKI BOM-BA-YE』でミルコ・クロコップ戦に出陣しましたが、中西さんもいずれ自分の出番が来るとは思ってましたか？

中西 というか、プロレスとの違いを経験したいっちゅうのはありましたね。ソッチを専門にするのじゃなく、プロレスラーとしての幅を広げたいなって。俺は不器用なんで観てもわからない、やらないとわからない人間やから。まあ、いくら格闘技路線になろうと、根本的には「プロレスをおもいっきりやりたい！」っていう気持ちでしたよ。でも、外野からグチャグチャ言われるんやったら「新日本は〝キング・オブ・スポーツ〟だし、いっぺんやってもええやないか」って。猪木さんの異種格闘技戦じゃないけど、いろんなことをやるのがプロレスラーだっていう気持ちもあったし。

――この時期には橋本さんが01年3月に大谷晋二郎選手や高岩竜一選手を引き連れてZERO－ONEを旗揚げ。武藤選手や小島選手やカシン選手は02年2月に全日本プロレスに移籍するなど、主力選手の退団が続きました。同じ第三世代の小島選手は、退団の際に選手全員に挨拶の連絡を入れたそうですね。

中西　……かかってきたか覚えてへんけど、その全員に俺は入ってなかったかも（苦笑）。まあ、挨拶をするのはすばらしいことやけど、「いつでも戻ってこられるように」っていう、あの人のしたたかさかも見えますね（笑）。いや、そのくらいじゃないとダメなんですよ。この世界で食べていくなら「昨日の敵は今日の友。今日の友は明日の敵」っちゅうか。そのへん、俺は世渡り上手じゃないんで。

――でも、中西さんにもいろいろと誘いの声は掛かったそうで。

中西　専修大に練習に行くと馳さんにも会うんで、「どうだ、全日本？」って話をもらったことはありましたけどね。たしか武藤さんが来たこともあったんちゃうかな？　せやけど、もともと俺は即答しないタチで「考えさせてください」って伝えて、そのままなし崩しといううか。そもそも、俺は新日本でやる戦いが好きで、自分の力をおもいっきりぶつけられるのは新日本だけやと思ってたんで。選手層的にも俺のスタイルを受けられるレスラーが集まってるっちゅうか。「全日本に行ったら行ったで見えてくることもあるかもしれへんけど、大事なものを見失うんちゃうかな」って思いましたね。

――長州さんが03年3月に旗揚げしたWJプロレスからも勧誘があったそうですが、断ったのは同じ理由ですか？

中西　そうですね、あとは新しい環境にうまく適応できるのかどうか。やっぱり、一番に自分がそこで何ができるかっちゅうのを考えるんですよ。地に足ついたレスリングを見せるのもプロレスやし、異次元のものを見せるのもプロレスで、それが一番できるのは新日本しかないなって。

――これはカシン選手の著書に書かれてたんですが、若手時代の中西さんはスパーをすると「俺が本気を出したら、みんなをケガさせてしまうやろ」と言っていた、と。

中西　酔っ払って気が大きくなったときに言ったんちゃいます？（笑）。まあ、それはレスリングのスパーですからね。実際のところ、先輩とやるときはあんまりプライドを傷つけるのもアレやしっていうのはありましたよ。ただ、関節技は先輩のほうがうまかったですから。

その中でも武藤さんや橋本さんは強かったですよ。俺から見た武藤さんは、言わずもがな天才ですよね。考えずとも自然に自分の身体が動くというか。でも、道場には毎日来てトレーニングしてましたから、天性のものに加えて努力もしてたっちゅうか。橋本さんもじつは武藤さんに負けないくらい運動神経がよかったんですよ。あの体形でいろんなキックを使いこなすこと自体がとんでもないことで。

――闘魂三銃士でいうと、橋本さん以外のお二人とリング外での接点は？

中西　俺が最初に付き人に付いたのは蝶野さんなんですよ。あの人は基本的に何でも自分でやらはるんで、コッチとしては楽でしたね。あと、神経質そうに見えて豪快というか、よく食べはったし、テクニシャンに見えて意外とパワーもあって。痛み止めも水で流し込まず、そのまま飲み込んでたんで「カッコええなあ」って思いましたよ。当時、蝶野さんには「偉人の自伝を読んで考え方を学べ。戦国時代の武士の生き方を参考にしろ」ってアドバイスをもらって「そんなこと言わはるんや、インテリやなあ」って感心して。でも、その言いつけを俺は守らんかった（苦笑）。

――蝶野さんも中西さんの将来性に期待しての一言だったと思います（苦笑）。武藤さんとは何かエピソードはありますか？

中西　若手の頃に一回、武藤さんに頼まれて車で六本木に迎えに行ったことがあったんやけど、目の前を通り過ぎてしまって。でも、戻るのに道に迷って時間がかかっちゃって「オマエ、どこ行ってきたんだよ！　オネーちゃんとこか？」って文句言われたことがありましたねえ。結局、俺がやらかした話になるな（苦笑）。

――三銃士以外の身近な先輩でいうと、佐々木健介さんの印象はいかがですか？　00年代前半は中西さんの前に壁として立ちはだかり、本隊のエース争いを繰り広げたというか。

中西　佐々木さんは体力も気迫も凄くて、努力と根性の塊みたいな人でしたね。リングで向こうは叩きつける技、コッチはブン投げる技で真っ向からぶつかり合って。ラリアットの相打ちで二人の汗しぶきが綺麗に舞い上がると会場もドカンと沸いて、アレはなかなか観られるもんじゃないなって。ただ、あの人が黒パンを履きだした頃は「俺とカブるから辞めてほしいなあ」って思ってましたけど（笑）。

総合ルール&K-1出陣

――03年5月2日の東京ドーム大会では、新日本のリング上で初めて総合格闘技ルールの試合が組まれ、中西さんは猪木事務所所属だった藤田選手と対峙しました。中西さんにとっても初の総合ルールとなりましたが、この試合は当初、プロレスルールの予定だったんだとか？

中西　俺はそこらへん、よく覚えてないですけど、会社に言われて単純に「わかりました」って答えただけの話です。経験として大きいはずやと思ったし。プロレスラー同士が総合をやることにとやかく言う声も聞こえましたけど、あのときの藤田はどっちかっていうと総合格闘家って感じでしたよね。それに当時は〝新日本vsアントニオ猪木〟っていう図式もできてたし、同じレスラーと総合ルールで戦うのもしゃあないなっていうか、俺は「よっしゃ、やったる！」っていう気持ちでしたよ。

――当時、藤田選手は重量級の日本最強の格闘家であり、この直後の6月にPRIDEのリングでエメリヤーエンコ・ヒョードルとの一戦を控えていました。

中西　あの試合のとき、リングサイドでヒョードルが観てましたよね。ゴングが鳴ってわりとすぐ、俺は藤田のパンチで鼻を折られたんですよ。強いのはわかってたけど、それでもスキは絶対にあるはずやと思ったし、当時はエンセン（井上＝総合格闘家）に打撃を習ってたんで、コッチもパンチを何発か当てることができて。でも、藤田はうまかったです。向こうもグラッてなると、すぐにクリンチしてきて。そこで両脇を指してグラウンドにいけばよかったんですけど。「絶対にギブアップだけはせえへんぞ！」って思ってたものの、ボコボコに殴られて最後はレフェリーが試合を止めて。もちろん、勝つために練習したけど、やっぱり専門でやってるわけやないし、わかってたとはいえ甘いもんじゃなかったですね。

――試合後にはどんなことを思いましたか？

中西　あの試合の位置づけとしては、俺が格闘技路線を進んでいく布石やったんやろうし、これ一回で最後にするのはちょっとなって思いました。そういう戦いを吸収して、また新しいスタイルを構築したい気持ちもあって。それで、そのあとのＴＯＡとの試合につながったっちゅうか。

――この翌月の6月29日にはＫ－１に参戦し、ＴＯＡ選手と対峙しましたね。あのときはレスリング出身の中西さんが立ち技ルールに臨むということで、この一戦もいろんな声もあったというか。

中西　立ち技のイメージは俺よりも永田のほうが強いですしね。そのときは猪木さんの頼みっちゅうか、上井（文彦＝当時の新日本のフロント）さんに「Ｋ－１から中西に上がってほしいってオファーが来てる」って言われたのもあったけど、自分の中でも上がりたいって気持ちが強かったんですよ。「ＰＲＩＤＥファイター（藤田）とやったんなら、今度はＫ－１やな」って、やる意義を見出したというか。レスラーがＫ－１で試合なんか、そうそうできるもんじゃないし、どこか開き直りもあったのかも知れへんけど「プロレスラーとして絶対に糧になるわ」って。

――もともと、中西さんは立ち技というか、ボクシングがお好きだったとか？

中西　そうです。子どもの頃に兄貴と一緒に、具志堅用高さんのタイトルマッチに夢中になって。のちに具志堅さんとお会いできたのはうれしかったですね。自分が言うのも何やけど、バラエティ番組と違って立派っちゅうか「普段は〝ちょっちゅね〟なんて言わはらないんやな」って思いました（笑）。俺の打撃に関しては、当時のロス道場でジョシュ・バーネットに指導してもらったんですよ。「若いクセにエラそうなヤツやな。まあ、コッチは教えられる側やしな」って思いましたけど、練習が終わってもそんな態度だったんで「オイオイ！」って（笑）。

――当時のジョシュはそういう感じだったみたいですね（苦笑）。そして迎えたＴＯＡ戦で、中西さんはスタートからレスラーの意地を見せるように果敢に前に出ましたが、１Ｒで無念のＫＯ負けとなって。

中西　ヘビー級のパンチが的確にアゴに入ったら、どうしょうもないっちゅうか。結果はあなりましたけど、逃げてやられるよりは攻めに出たぶん、まだよかったかなとは思います。「失うモンは何もないわ！」と思って相手のガードとか関係なく、蹴りをガンガン出していったから、あとで凄く足が腫れていて。あのとき、社長だった藤波さんや蝶野さんもリングサイドで観てたんですよ。ただ、試合後は記憶が飛んで、控え室で何を話したか覚えてない

藤田和之との総合ルールでの一戦では、鼻が折れながらも3Rまで戦い続けた。

K-1のTOA戦では一歩も下がらず、積極的に前に出てパンチをヒットするも玉砕。

し、掛ける言葉もなかったのかも知れないですね。

――かつて新日本のフロントで、のちに長州さんのＷＪに参画した永島勝司さんが著書で「新日本時代の一番の心残りは中西学」と書かれてたんですよね。次期エースとして期待していた中西さんが格闘技路線の流れに翻弄されたというか。

中西　いや、そのときは俺も悩んだかも知れへんけど、べつに何も後悔はしてないですよ。田舎の農家のどうしょうもないドラ息子が、ここまでやれたら十分やと思ったし。物事の続かなかった男が、格闘技の試合をやったあとも何年もプロレスをやれたわけやから。

――あのＴＯＡ戦の直前、当時ＷＪの長州さんが『週刊プロレス』の表紙となり、そこには「中西は負ければ終わる」という大きく書かれていました。

中西　覚えてますよ、それ。腹も立つけど「なんで終わらなあかんねん！」っていう気持ちしかなかったです。俺にとっては経験を積むためのチャレンジでありチャンスなんやし、終わって何も残らないわけはないし。絶対に勝てる見込みのある試合なんて、おもしろくないですからね。失敗は成功の糧っちゅう言葉もありますから。

――中西さんの格闘技ルールでの試合は、このＴＯＡ戦が最後となりましたね。

中西　「アレはプロレスと何が違うんや？」っちゅうところから始まり、そこで一区切りというか、「今度はこの経験をプロレスに活かそう」と思ったんです。ファンからも「格闘技じゃなく、中西学のプロレスが観たい」って声が届いてましたから。いま振り返ってみると、「いろんなことに挑戦できてよかった」の一言ですよ。あの時代だからこそ、実現できたことでもあるんで。

迷走の野人

――第三世代初の『G1』覇者として、新日本の次期エースと目されていた中西さんですが、結果的にIWGPヘビーを先に巻いたのは永田選手でした。永田選手は01年を勝負の年と位置づけると、実績を積んで周囲の期待感を高め、02年4月5日の東京武道館大会で安田選手を下して王座初戴冠を果たします。先を越された格好となりましたが、中西さんの当時の心境は？

中西 永田が優れた戦略家っちゅうことやし、第三世代の中で最初にIWGPヘビーを巻いて、しかも当時の防衛記録を打ち立てたのは凄いと思います。当時はただただ悔しかったですよ。俺のほうが年も上やし、先に『G1』も獲ったのに追い抜かれたわけで。でも、もちろんベルトも大事やけど、それだけにこだわらず、何よりお客さんに喜んでもらう試合をしようって常に心がけてましたよ。お客さんあってのプロレスだし、ただ勝ち負けのみを追求した退屈なものを見せても、何の意味もないんで。

――その信念につながる話だと思いますが、当時の永田選手がＩＷＧＰヘビー級王者としてメインに登場するとき、その前の試合で中西さんが会場を沸かせる戦いを繰り広げていたのがプレッシャーだったそうです。中西さんは「メインを食ってやろう！」というのはありましたか？

中西　いや、そこまでは考えてへん（笑）。ただ、お客さんにスカッとしてもらおうっていうのと、細かいことしたって永田の緻密なレスリングに敵うわけないから、自然と自分は大きく見せるような試合をしたんだと思います。タッグを組んでるときと同じで、二人がまったく違うファイトスタイルだったから、観る側も楽しかったんじゃないですかね。ただ、俺たちは二人共スター性って部分ではちょっと地味やったかな（苦笑）。もうちょっと派手にいってもっちゅうか、願わくば同じ世代に棚橋みたいな華やかな人間がおったらよかったかもしれないですね。

――永田選手は中西さんとの試合では、03年3月9日の名古屋レインボーホール大会のＩＷＧＰヘビー級王座戦が印象深いそうです。熱闘の末、60分時間切れ引き分けに終わりましたが、永田選手は中西さんがピンピンしてたことに驚いた、と。

中西　いや、俺は追う身やし、引き分けは負けに等しいわけですよ。向こうが防衛に成功してるのに、コッチが疲労困憊する姿を見せたらなおさら格好悪いから「まだまだできるぞ！」って意地でも強がったんです。「中西はデカいわりに体力がある」って言われたりもしましたけど、逆にレスリング時代はすぐに力むぶん、バテるのも早くて〝乳酸が溜まる男〟やったんですよ（苦笑）。でも、新日本の道場で馳さんと佐々木さんにボコボコに鍛えられて、体力の限界が延びたんでしょうね。試合も年間150試合やって、自ずとスタミナがついていって。

――格闘技戦を経たあとの中西さんは、リング上でインパクトを残しつつも、なかなかシングルの勲章を勝ち得ることができませんでした。その環境を打破しようとしたのか、04年10月9日の両国国技館大会で蝶野選手率いる反体制派のブラック・ニュージャパンへ合流したり、シングルプレイヤーとして〝パイレーツ〟や〝ソルジャー〟を名乗ったりと、さまざまな変貌を遂げましたよね。

中西　04年のはじめに俺が永田と決裂して、外敵軍団と呼ばれた天龍さん（源一郎）や佐々木さんと一緒に行動したあたりから、いろいろやり始めたんですよね。外敵の人たちは俺を新日本から飛び出させようとするんやけど、コッチはフリーになる気はなかったし、むしろそれを「もっと自分を団体内で確立させろ」っていうエールと受け取って、新しいものを模索してました。なんか、俺は常に模索してる気もしますけど（苦笑）。気分を変えるのに、

アルティメットロワイヤルでは矢野通を下すもロン・ウォーターマンに惜敗。

2005年の5.14東京ドームではケンドー·カシンとのタッグでIWGPタッグ王者の棚橋弘至&中邑真輔組に挑戦。

一時期はコスチュームもよう変えてましたけど、結局はシンプル・イズ・ベストで黒パンに戻って。当時は会社も迷走してたけど、俺も迷走してましたね。

――迷走の一つの象徴として、05年の1・4ドームの〝アルティメットロワイヤル〟(総合ルールのバトルロイヤル)がありますが、実際に出場した感想は?

中西　その話はええんちゃうかな(苦笑)。いや、「どういうことや?」って思いましたよ。でも、「しゃあないな、やってみなきゃわからんし」って感じで。まあ、それっきりで二回目がなかったのが何よりの答えでしょう。結局、いまの新日本が盛り上がってるのも、そういう迷走というか、試行錯誤の積み重ねの上に成り立ってると思うし。長州さんが現場監督に復帰したのもこの時期やないですか?

――05年の10月ですね。長州さんは混迷する現場のリセットというか、当時のユニットの解体など大ナタを振るいました。

中西　まさにその煽りを食らいましたよ、カシンの音頭で永田や藤田と結成したTEAM JAPANもアッサリと終焉を迎えて(苦笑)。そういうのもグラついてた新日本の荒療治であり、長州さんも自分の力でコントロールしたかったんやろうけど、ちょっと現場としては踊らされたなとは思います。結果的に建て直そうとした長州さんも力及ばずというか、しばらくは新日本もつらい状況が続いて。試合に注目を集めたいのに、当時は社長がコロコロ変わったり、リング外のネガティヴな話題も目立ちましたから。

――中西さんはそういうリング以外の会社の動きは気にされるほうでしたか？

中西　いや、とくに気にしてたわけやないんやけど……。これは昔ながらの考えなんでしょうけど、俺はリングで受け身を取って痛みを感じてる人間が、会社の中枢にいたほうがええというタイプで。猪木さんも馬場さんもそうやったし。当時、ファンはプロレスが観たいのであって、裏方の人間のゴタゴタが話題になるのはどうなんやろっていうのは、レスラーのほとんどが感じてたんじゃないですかね。

――05年11月には新日本がユークス体制へと移行しますが、そのときの率直な気持ちは？

中西　会社が首の皮一枚つながったわけで、「よし、ここからがんばらんといかん！」って思いました。その直後に選手もたくさん辞めて、控室の空気も暗かったりしたけど、「俺は絶対に新日本に残るし、この団体は絶対になくならない」っていう気持ちでしたね。新日本はその歴史の中で選手が離脱してピンチに陥っても、必ず挽回してきましたから。当時、棚橋や中邑も台頭する中、第三世代も踏ん張りどころというか、新日本がどこよりも凄いプロレスをやってるっちゅうのを見せていこうと思ってました。

悲願のＩＷＧＰヘビー初戴冠

――ユークス体制の下、新日本プロレスが少しずつ復興を果たす中、中西さんは09年5月6日の後楽園大会で棚橋選手を下し、デビュー17年にして待望のＩＷＧＰヘビー初戴冠を果たしました。あのときは大会の売りだったＣＭＬＬのスター選手であるミスティコが、現地を中心に当時流行していた豚インフルエンザの影響を懸念して来日不能となり、棚橋vs中西のワンマッチが急遽タイトルマッチに変更され、チャンスが舞い込んだというか。

中西　あの頃は後楽園も入ってなかったし、大会の目玉が必要だったんでしょうね。まあ、コッチとしては降って沸いたチャンスに「いっちょ、やったるわ！」っていう感じでしたよ。いつでも全力でいけるように準備はしてたし、出せるもんを出し切って。あのときは棚橋もコンディションがよかったですけど、ベルトを獲った相手が後輩とはいえ、彼でよかったなって思います。

――棚橋選手は新日本復興のキーパーソンの一人ですが、中西さんはどのようにご覧になってますか？

中西　昔からプロレスに対してひたむきでマジメでしたよ。棚橋は大学が京都の立命館やったから、新日本に入る前にレスリングを学びたいってことで、俺の母校の宇治まで練習に来てたんですよ。その頃はまだ俺と接点はなかったんやけど、俺の恩師が彼にレスリングを教えていて「新日本に入った棚橋はマジメなコやな」って言ってましたから。棚橋は入門当時が一番デカかったんちゃうかな？　そのあと、本人は絞ったみたいですけど、俺は「ウエストが太いのに腹筋が浮いててカッコええなあ」って思ってましたよ。リング上もゴムまりみたいに跳ね回るっちゅうか。

――デビュー当初から目を見張るものがあった、と。

中西　そうですね。会社的には俺がデビュー戦の相手を務めた鈴木健三（ＫＥＮＳＯ）のほうを推してたけど、「棚橋は上がってくるな」って思ってました。昔から先輩の試合をよう観てたし、リングでも相手の技をしっかり受けて、次の動きにつなげるポジショニングもうまくて。彼も決して器用とちゃうから、常にプロレスのことを考えて研究したんでしょうね。誰とでもいい試合ができるし、新日本は攻めから入るレスラーが多いんやけど、しっかり受けで見せるっちゅうか。

――棚橋選手との王座戦では、最後に中西さんが渾身のジャーマンスープレックスで勝利し、場内は大歓声に包まれました。第三世代で最初に『Ｇ１』を獲った中西さんですが、ＩＷＧＰヘビーはなかなか手が届かなかったので、みんなが待っていた瞬間というか。

中西　かなり長くお待たせしちゃいましたけどね。獲ったら獲ったで「エラいことしてもう

2009年5月に棚橋弘至を下し、悲願のIWGPヘビー初戴冠。6度目の挑戦で頂点の証を手にすると、バックステージで「バカな男ですけど、バカな男なりに目指すものがあったからここまで来れた」と語った。

たな、これからどないすればええんやろ?」って戸惑いましたけど(苦笑)。当時42歳の遅咲きで、カッコいいもんでもなんでもないんやけど、周りも喜んでくれて。山本小鉄さんも泣いてくれはったし。小鉄さんは大きいヤツが好きなんで、よく気にかけてもらったんですよ。「オマエ、細かいことは気にするな! それだけ身体に恵まれてんだから、もっとリングで堂々としろ!」ってアドバイスをいただいて。

——先輩方は中西さんのメンタル面を指摘されますよね(苦笑)。

中西 よく「ノミの心臓」って言われましたから。どうしても「失敗したらどうしよう?また周りから言われる!」って委縮して、根っからのマイナス思考というか。で、注意されると今度は「なんで、できへんのや!」って気にして。プロに入って殴られ蹴られ、治った部分もありますけど、基本的には人に対して大雑把のクセに、自分に対して細かいことを考えすぎるっちゅう(苦笑)。「なるようになるわい!」って思えればいいんですけどね。永田みたいに緻密ながら豪快な部分も持ってるタイプが、プロレスラーに向いてるって思いますね。

——小鉄さんは中西さんを見てて、歯がゆい部分があったのかもしれませんね。

中西 そうだと思いますよ。ただ、小鉄さんは昭和ながらの部分っちゅうか、「何、足が痛い? だったら、スクワットをやるんだ! ケガしたところに血を通わせるんだ!」っておっしゃられて、「いや、血の巡りはよくなっても、中の骨がボロボロになるんちゃいます……？」とは思いましたけど（苦笑）。でも、俺が格闘技路線を進んでたときなんかも「誰が教えてんだ？」って気にかけてくれはったし。きっと、出来の悪い男がようやくＩＷＧＰヘビーのベルトを巻いて、思われることがあったんちゃいますかね。強面だけど温もりのある人で、「僕はね、いまでもカミさんの手を握って寝てんだよ！」って言われてたのを覚えてますよ。あと、ＩＷＧＰヘビーを巻いたときはマサさんから「よくやった」っていうメッセージをもらったのも、うれしかったですね。でも、マサさんとはその後、直接会うことができなかったのが心残りです。

――マサさんは18年7月14日にお亡くなりになりましたね。感動のベルト奪取後、中西さんがリング上から「中西学をいままで見捨てずにいていただき、ありがとうございました！」と、その人柄が伝わるマイクアピールをされたのが印象的でした。

中西　キャリアの中でファンをガッカリさせたことも少なくなかったやろうし、それでも応援し続けてもらいましたから。このとき、永田が「先輩、やっと獲ってくれましたね、おめでとう！」って凄く喜んでくれたのがうれしかったな。でも、ここから真価が問われるって気合いは入ったものの、結局は1カ月で棚橋に取り返されてしまって。棚橋は俺と違って、つまずいても立て直しの早い緻密なレスラーっちゅうことでしょう。まあ、「〝太く短く〟が俺らしいのかな」って。時間はかかったけど、ＩＷＧＰヘビーを獲れるレスラーは選ばれた人間だけやし、あのときはようやく報われた気がしましたね。

懸命のリハビリ

――この時期、タッグでの活躍としては10年に東京スポーツ新聞社制定のプロレス大賞で、ストロングマンとの〝マッスルオーケストラ〟として、最優秀タッグチーム賞を獲得しています。

中西　ストロングマンとのタッグは楽しかったな。彼はボディビルダーとしても一流やし、世界一の怪力を決めるストロングマンコンテストで優勝してるのに加えて、実業家っちゅう顔もあったんですよ。最初は「こだわりがいろいろありそうやし、わがままなんかな？」とも思ったんやけど、話をしたら凄く素直で。さらに豪快なところもあって、地方のタッグマッチで俺と永田のジックリしたレスリングに場内も集中してたのに、それを切り裂くようにストロングマンがいきなりデカいゲップをしたもんやから、ドッと笑いが起きて（笑）。試合後、永田と「俺たちのレスリングがアイツのゲップ一つに負けた」って話しましたよ。あと、試合中に「次、何すればいい？」って指示を仰いでくるんですけど、俺に聞くヤツなんか滅多におれへんから新鮮でした（苦笑）。「じゃあ、バッファローや！」って命令すると豪快なタックルをかまして、見てても気持ちよかったです。

――いい関係を築かれていた、と。

中西　おもしろいレスラーやったし、ストロングマンとは全日本に乗り込む話も進んでたんですよ。向こうの大きい外国人連中とバチバチやり合うっていう。俺たちはゴッゴツしつつ、意外と機動力もあったし「いい試合ができるんちゃうかな」って思った矢先に、俺が首をケガしてしまって。だから、彼には申しわけないことしたなって思いますね。

――中西さんが首に大ケガを負ったのは11年6月4日、ＫＢＳホール（京都）大会でのタッグマッチでした。井上亘選手のジャーマンを受けた際、そのまま動けずドクターストップとなり、病院に緊急搬送。診断結果は脊髄損傷という大きなものでした。

中西　あのときは「死んでもおかしくない」って言われましたから。ジャーマンを食らった瞬間、ちょっと空白の時間があったんですよ。魂が抜けるっちゅうか、フワ～ってなったところを誰かに手をつかまれて意識が戻って。ただ、声は聞こえるんやけど、身体が動かなくて。でも、あれは自分のせいです。いま思うとあの時期は練習を怠ってたし、そこから気の緩みが生まれて。周りに迷惑かけてしまいましたよ、プロ失格ですね。

――そこから長いリハビリ生活が始まりました。

マッスル
TAG CHAMPION!

規格外の肉体を誇るストロングマンとのマッスルオーケストラでは、
ド迫力のファイトで場内に興奮を巻き起こした。

中西　最初に京都の病院に2～3週間いて、それから岐阜に移って治療を受けてたんですけど、そこで失敗してもうたんですよね。俺も極端っちゅうかゼロか百かの人間なんで、「夏の『G1』には出なアカン！」と思って、おとなしく寝てなきゃいけないのに無理に運動してしまって。それでまた倒れてしまい、結果的に欠場が延びることになって。

――そんなことがあったんですね。

中西　脊髄をやったっていう、事の重大さがわかってなかったんですよ。それから東京に移って、その年の10月に手術を受けて。そこからはアドバイスを聞きながらリハビリをしたんですけど、周りからは「なんであんなに歩ける人が病院にいるの？」って思われてたみたいですね。目をギラギラさせながら歩いて、立ち入り禁止の階段まで登って「そこ行っちゃダメですよ！」って注意されたり（笑）。

――それだけ焦っていた、と？

中西　そうですね。「俺は絶対にリングに戻る！」っていうモチベーションしかなかったですよ。当時、付き合ってた彼女も見舞いに来てくれて「よし、このコのためにがんばるぞ！」って思ったんですよ。でも、そのコが悪いわけじゃなく別れることになり、「俺にはプロレスしかないんや！」って余計に気合いが入って（苦笑）。そのときは「やるだけのことはやってアカンかったらしゃあない。でも、悔いは残したない」って感じでしたね。

——かなり懸命にリハビリをされたそうで。

中西　あとで聞いたら、院内で「あの人、お見舞いに来る人より元気に見えるんですけど、なんで退院させないんですか?」って問題になったらしいです（苦笑）。でも、そういう俺の姿を見て、入院してるオバちゃん連中なんかがリハビリのアドバイスを求めに来るようになったんですよ。で、たまたま俺がいないときにオバちゃんが訪ねてきたら、隣のベッドのオジサンが「あの人はプロレスラーでお医者さんじゃないんだから、専門的なこと聞いてもわからないよ。困ってるよ、あの人」って言ってくれたらしくて（笑）。

——人気者になってたんですね（笑）。

中西　そういうことでもないんやけど、長いこと病院にいたのと身体がコレやからイヤでも目立って、一部で名物男みたいになってたっちゅうか（苦笑）。まあ、あのときはとにかく、リング復帰だけを考えてましたよ。仲良くなった看護婦さんもいて、普段の俺やったら「退院したらお近づきに……」とか考えそうなもんやけど、そんなんもまったくなかったし（笑）。

——レスラー仲間もお見舞いに?

中西　新日本をはじめ、いろんな人が来てくれましたね。短い間やったけど、タッグを組んでたウルティモ・ドラゴンや、佐々木さんやヒロ斎藤さん。あのときはやっぱり、井上が気の毒になるくらい心配してくれて。彼には迷惑かけましたよ。生真面目な男やから、きっと心ない人間の言葉にイヤな思いもしたやろうし。コッチは「とにかく俺は復帰するから、それを井上にも信じてほしい。お互いがんばろう！」って伝えて。あとは坂口さんには何かとお世話になりましたね。

――負傷から半年経った11年12月の後楽園大会で、中西さんはリング上からファンに経過報告と決意表明を行ないましたが、そのときは後見人として坂口さんの姿もありましたね。

中西　坂口さんには入団したときから、奥さんともども目をかけていただいて。たぶん、俺の食いっぷりがいいのが、昔のレスラーらしくて気に入ってもらえたんでしょうね。坂口さんは口でどうこう細かいことを言うんじゃなく、態度で見せる方でした。坂口さんにはいろんな人を紹介していただきましたけど、あんな大きな身体で腰が低くて、約束は必ず守って。俺にとっては、いつも坂口さんの「うまいもん食ってサウナで汗流して、明日からまたがんばろうや」っちゅう一言がありがたかったです。言葉が少ないからこそ、その言葉に重みもあって。坂口さんをはじめ、欠場してるときは「俺は本当に周りの方に支えられて生きてるんやな、絶対に感謝を忘れちゃアカンな」って思いましたね。

涙の復帰戦

――そして、2012年10月8日の両国国技館大会で中西さんは盟友である永田選手、ストロングマンとトリオを結成し、矢野通＆飯塚高史＆石井智宏組を相手に492日ぶりに復帰を果たします。一時期はかなり身体も小さくなったそうですが、このときは欠場前と変わらない姿でしたね。

中西　新日本で昔から受け継がれてるライオン式プッシュアップ、スクワット、ロープ昇り、そういう基礎的なトレーニングをただただ繰り返して、あの日を迎えました。入場するときは「やっとリングに立てる！」っていうのと「もし何かあっても、しゃあないな」っていう二つの気持ちでしたね。自分にとっては二度目のデビュー戦というか、最初のときは藤波さんにおんぶに抱っこでしたけど、このときは永田とストロングマンにおんぶに抱っこにアルゼンチンでしたよ（笑）。最後は俺がフォール取られましたけど、しっかりサポートしてもらって。

――試合後にはどんな思いが胸に去来しましたか？

中西　「まだ、できるな。ここから盛り返していかんとな」っていう気持ちでした。正直、復帰前の状態に持っていけないっていう葛藤もありましたよ。たとえば、もともと握力は

約1年4カ月ぶりにリングにカムバック。最後は矢野通に丸め込まれるも、永田裕志とストロングマンに健闘を称えられた。

100kg以上あってリンゴも軽く握りつぶせたのに、ケガしてからは60kgくらいに下がって。でも、自分のスタイルは変えられないし、変えたくないし、うまくケガと付き合いながらリングに上がらないとなって。一緒にタッグを組む機会も多かった第三世代のみんなには、たくさんヘルプしてもらったんで感謝してます。

──中西さんは小島選手とのブル・パワーズにはじまり、永田選手とのタッグや、ノートンとのニュー・ジュラシックパワーズ、大森隆男選手とのワイルド・チャイルド、吉江選手とのビッグ・マウンテンズ、そしてストロングマンとのマッスルオーケストラなど、キャリアの中でさまざまな選手とタッグを結成しましたよね。

中西　一番長く組んできた永田とだけ、なぜかチーム名がないんですよね。誰もつけへんかった（笑）。でも、その永田とのタッグが一番やりやすいですよ。彼はクレバーなだけじゃなく、心意気のよさもあって。吉江はかわいい後輩だったんで、新日本を辞めたときは悲しかったたな。05年のイタリア遠征のとき、アイツはシートベルトが身体を回らへんから、無理やり二つをつなげて固定するんやけど、それでも窮屈やからグッタリして（笑）。あのときは機内でも現地でも二人で飲むわ食うわで楽しかったですよ、会社的には大赤字の遠征だったみたいですけど（笑）。あと、タッグだとロン・ウォーターマンとかジャイアント・バーナードともちょっと組んだし、（トーア・）ヘナーレと16年の『WORLD TAG LEA

ＧＵＥ』にも出たりとか、わりと外国人と組む機会は多かった気がしますね。俺があんまり日本人に相手にされんかったのか、それとも外国人好きやと思われてたのか（笑）。

――ストロングマンのほかに外国人選手の中で波長が合ったのは？

中西　やっぱりノートンかなあ。デビュー戦の相手も、初めてＩＷＧＰヘビーに挑んだ相手もノートンで（１９９８年12月4日・大阪府立体育会館）、長いこと自分にとって壁みたいな感じでしたけど、タッグを組んだ頃はリング外の付き合いもあって。俺の地元の行きつけの中華料理屋にノートンとその嫁さんを連れていったことがあるんですよ。そうしたら夫婦揃って大きな身体でビールを水みたいにガンガン飲むから、店の冷蔵庫どころかコッチの財布も空っぽになるんちゃうかなって（笑）。俺は車でノートン夫妻をホテルまで送ってやらんといかんから、ノンアルのビールをチビチビ飲んでましたよ（苦笑）。

――接待されたんですね（笑）。中西さんは復帰して以降は『Ｇ１』のエントリーから外れ、シングル王座の挑戦機会もなかなか巡ってこなかったですが、思うものはありましたか？

中西　やっぱり歯がゆかったですよ。それまでは外敵とか外国人のデカいヤツが来たら、まず俺が迎え撃って新日本の凄さを見せるっちゅうのがあったのに、門番役ができないのは切なかったし。でも、新日本も若い連中がどんどん育ってたし、自分は自分でやれる役割をやっていこうっていう思いでしたね。

大きな会場で大きな相手とシングルマッチが組まれることも多く、中でもボブ・サップ戦では体格差をもろともせず攻め立て、場内に熱狂を生んだ。

——たしかに中西さんはジャイアント・シルバ戦（02年1月4日・東京ドーム）やボブ・サップ戦（02年10月14日・東京ドーム）など、規格外の選手との大一番で会場を盛り上げてました。

中西　バーナードとも最初にやったのは俺でしたね（06年1月4日・東京ドーム）。打ち上げ花火みたいな試合が多かったんで、毎回「ドカンと大きなことをやったろうやないかい！」って気合いが入りましたよ。シルバなんかは身長が2メートル20センチくらい、体重も180kgとかありましたから、冷静に考えると「そんなんをアルゼンチンで担ぎ上げたら、首も悪なるよな」って思いますけど（苦笑）。

——ちなみに誰が一番持ち上げにくかったですか？

中西　それは横綱ですよ、曙さん。もう少しってところで上がらんかったな。シルバくらいデカかったジャイアント・シンのことは、ジャーマンスープレックスでホールドできましたけど。あと、外国人で「コイツの身体能力はスゲーな」って思ったのはブロック・レスナーかな。一度だけシングルでやって（05年12月10日・大阪府立体育会館）、蹴りもパワフルやったし、最後はバーディクトでブン回されて「このままどっか、飛んでくんちゃうか？」って思いましたから。レスナーってどこか新日本をナメてるところがあって、最初はコッチを見下した感じやったんですけど「このガキ、ふざけやがって！」って延髄に逆水平チョップを「バコーン！」って入れてやったら、泡食って顔つきが一気に変わったのを覚えてますよ。外国人相手だと、とくに自分の力を目一杯ぶつけることができて、気合いが入りましたね。

『中西ランド』開園

――中西さんの欠場中の12年1月から新日本はブシロード体制となり、現在の黄金期復興へとつながりました。

中西　昔もいまも俺たちレスラーのやることは変わらないけど、見せ方が変わっていきましたよね。いろんな業種とのコラボとかに、ブシロードっていう会社は長けてるんだなって思います。選手も試合以外のいろんな仕事が増えてきて、プロレスの広め方を考えたり、実感したりする部分もできたんじゃないですかね。俺もありがたいことにバラエティ番組に呼ばれる機会も増えましたから。

――その中でも13年2月からインターネットテレビのテレ朝動画でスタートした『人類プロレスラー計画 中西ランド』は、2年以上続く人気コンテンツになりました。中西さんが新日本のレスラーたちとさまざまな企画にトライされて。

中西　アレは毎回、俺に対するドッキリみたいなもんでしたけど（苦笑）。初回から隠し撮りやったし、その後もアタフタしてばっかで。まあ、やってることは辛いモン食ったり、バーベキューやったり、普通のことやし「これ、観てておもしろいのかな？」って思ったけど、わりと反響も大きかったですね。

――永田選手や小島選手、田口隆祐選手と九十九里の海岸で全身をペンキで塗り、銅像になった姿はインパクトありました（笑）。

中西　それは普通のことじゃないか（笑）。まあ、第三世代をはじめ、棚橋とか真壁とかライガーさん、みんなに助けてもらいましたよ。当時の本隊のレスラーには、全員出てもらったんちゃうかな。企画内でKUSHIDAが酔っ払って「中西さん！　男ってなんすか⁉」って絡まれたこともあったし（笑）。

――番組と試合がリンクする部分もありましたよね。新技の「上からドン！」を編み出したり、マスクマンのマスカラ・ドンが『CMLL FANTASTICA MANIA』に登場したり。

中西　時代劇（『中西ランド・ザ・ムービー ～大江戸プロレスラー計画～』）の監督もやらせてもらいましたからね。あの番組は優秀なスタッフさんが揃ってたんで、うまく編集してくれてましたよ。どの企画もそこそこ時間がかかるんで、巡業の合間をぬっての収録は大変でしたけど、いい経験になりました。

『中西ランド』からはマスカラ・ドンが誕生。ルチャドールばりのプランチャやジャベ（メキシコの関節技）を披露した。

——同時期にツイッターで発信していた〝モンスターモーニング〟も、いまやすっかり浸透したというか。

中西　有吉弘行さんやビビる大木さんとか、有名人の方もリツイートしてくれましたからね。さすがにメジャーリーガーのダルビッシュ有さんまで反応したときは「マジか？」って驚きましたけど。べつにモンスターモーニングは話題性とかを計算したわけやなかったんですけど、あそこから大食い企画なんかもちょこちょこ呼ばれるようになって。俺の場合、計算するとダメで、計算しないことのほうがうまくいきますね（笑）。

——そもそも、モンスターモーニングのきっかけというのは？

中西　昔から朝のバイキングはコスパもよくて好きやったんですけど、その風景を最初にツイッターにアップしたのはストロングマンと組んでた頃なんですよ。アイツと作戦会議しようってなって、俺の食事とストロングマンの写真をツイッターにアップしたら「ストロングマンってこんな食うのか⁉」みたいな反応があって、「いや、俺なんやけど……」。こんな食ってすんません、年食ってるのに」みたいな感じで（笑）。写真を上げてるうちに、会社に「ホテルサイドからクレームが来るのでは？」とも言われたんですけど、結局俺の耳には入ってこなかったですね。ただ、地方のホテルで食べ過ぎて出禁になったところはありましたけど（苦笑）。

――さすがですね（苦笑）。リングでの活躍だと2017年1月5日、中西さんは棚橋選手と田口隆祐選手とのタッグでEVIL&SANADA&BUSHI組を下し、キャリア最後のベルトとなるNEVER無差別級6人タッグ王座を戴冠します。後日、正式にチーム名が〝タグチジャパン〟に決まり、その後はさまざまなレスラーも加入しましたが、中西さんは創設メンバーだったんですよね。その結成前から中西さんは田口選手とコミカルなやりとりを繰り広げ、それがタグチジャパンの礎になったというか。

中西　ああ、俺が田口と握手するときに、強く握りすぎてアイツが「ギャーッ！」って悲鳴上げたりしてましたね（笑）。タグチジャパンはおもしろかったですよ。田口は頭がいいから、試合で周りも引き立てながら、ちゃんと自分の個性も出して。俺を天然扱いでおいしく料理しつつ、最後は自分で落とすのを見て「ああ、なるほどな」って勉強になりましたよ。昔の田口は「内向的なヤツやな」って思ってたけど、いろいろと様子を観察してたんやろうな。それがしばらく経ってから爆発したっちゅうか。俺にとって最後のベルトってことは、アレが最後に所属したユニットってことですよね。久々にベルトを巻いたのもうれしかったし、タグチジャパンはジャージとかサングラスとかグッズも多かったんで、メンバーとしても恩恵に預かることができてよかったです（笑）。

現役最後の王座戴冠はNEVER6人タッグ。中西はヘラクレスカッターでBUSHIを沈めると、最後は「1、2、3、ホーッ!」で締めくくった。

引退決断

――中西さんは20年の1月7日に引退会見を行ない、2月22日の後楽園大会で27年4カ月のキャリアに幕を下ろすことが発表されました。その直前に獣神サンダー・ライガーさんが東京ドームで引退試合を行なったこともあり、中西さんの実績を踏まえるとファンからは「もっと大きな会場でもいいのでは?」という声もあったようです。

中西 いやいや、最後の後楽園4連戦（2月19日〜22日）でちゃんと見せ場を作ってもらったんで、会社にはただただ感謝ですよ。やっぱりライガーさんは世界的に見ても別格っちゅうか、一年も引退ツアーを組んで話題が途切れないのが凄いことですからね。コンディションも最後までバッチリ作りはって。ライガーさんに「中西、なんで辞めんだよ?」って言われましたけど、「いやいや、コッチのセリフですよ!」って返しましたから（笑）。

――中西さんは発表から引退までが短かったので、ライガーさんの引退よりも驚いた人もいたと思うのですが、あらためて決断に至るまでの経緯を教えていただけますか?

中西 やっぱり、試合で首をケガして以降、元気だった頃の動きができなくなってきたのは、自分自身が一番わかってましたから。「もっと、やれるはずや!」と思いながらも、踏ん張りが効かなくなってきて。会社のほうとも進退の話を続けてきた中で、最後は自分でリング

20年の1.4東京ドームでは最後の第三世代対決が実現。その三日後の引退会見では「自分の中に残されている熱いものを全部使い切って、レスラー人生をまっとうしたい」と語った。

を下りることを決めました。このまま騙し騙しやるよりも、身体が動くうちにリングを下りて次に進まないとなって。たしかに「まだ早い」って声も届きましたけど、そう言ってもらえるのがありがたいかぎりですよ。

——新日本プロレスが隆盛を誇っていた平成初期にデビューし、団体が苦しい時代になっても移籍せず、新日本一筋のレスラー人生でしたね。

中西　そうですね……、小島さんと違って（笑）。いや、小島さんの場合は〝大陸移動〟みたいなもんなんですよ。で、大陸は最終的に一つに繋がる、と……よおわからんけど（苦笑）。まあ、いろいろあっても辞めずにがんばってきたんやし、幕を引くなら新日本でって気持ちですよ。引退はここ2年くらい考えてたことで「もっと早くてもよかったのかな」と思う部分もありつつも、正直なことを言えば、まだ現役を続けたかったです。だけど、いまの状態でリングに上がり続けるのも大好きなプロレスに対して失礼な気もして、どこかでけじめをつけないとなって。

——気持ちの整理をつけた、と。第三世代のみなさんにご相談は？

中西　いや、レスラーに相談はしてないですね。とくに第三世代はキャリアも近いしヘンに動揺させるのもアレなんで。引退が正式に決まってから、永田たちには個別に「実は折り入って話が……」みたいな感じで事後報告したら、みんな驚いてましたけど、逆の立場やったら俺も同じリアクションだったと思います。あと、デビューのときからずっと支えていただいた坂口さん（征二）、学生時代から面倒を見ていただいた長州さんや馳さんにもご報告して、温かい声を掛けてくださって。

――ご家族にはどのようにお伝えしたんですか？

中西　父親には事前に言いました。試合の出場ペースが減ってからは、よく京都の実家で畑仕事の手伝いしてたから、何かと話す機会はあったんで。父親は「まだやってほしいわ」とは言ってましたけど、「いまさらこんな大飯食らいの面倒は見れん！」ってことじゃないですかね（笑）。

――そして、20年の1・4東京ドームで天山＆小島vs永田＆中西という最後の第三世代対決を行ない、その三日後に引退会見に臨んだわけですが、あのときのお気持ちは？

中西　なんか「フワ〜ッ」として血の気が引いてきたっちゅうか、「わあ、言うてもうた！」って思いました（苦笑）。べつに後悔ではないんですけど、自分が引退することに実感が湧かなかったんですよね。そのあと、これまでお世話になった人々、大学のOBや故郷の知り合いにご挨拶に行って。

――馳さんはブログで中西さんについて「本人は謙虚で穏和な性格なのだが、あまりにも日本人離れした肉体や頑丈さに、たしかに会社は過剰な期待をかけたのは事実。それでも文句一つ言わず、新日本プロレス一筋にまじめにコツコツとプロレスラーとして真摯に取り組んできたことは、レスラー仲間ならば誰もが知っている」と書かれていました。

中西　それは表向きの俺のことやな（笑）。本当の自分は何かあれば思い上がるし、勘違いもするし、ぎょうさん失敗もしてきたし。しっぺ返しをたくさん食らって、それでも救いようがあったからなのか、手助けしてくれる人がいて、なんとかプロレスラーとしてやってこれたんで。それを考えたら、俺のプロレス人生は上出来も上出来ですよ。馳さんとのご縁で闘魂クラブに入れてもらってから、いろんな経験をして、何も無駄だったことはないなって思います。

――引退までの試合は連日、中西さんらしいパワフルなファイトを繰り広げていましたが、ご本人としてはいかがでしたか？

中西　引退が決まってから、高校のときのレスリング部の練習を思い出して「よし、原点に戻ろう」って思ったんですよね。まずは朝、日が出る頃に起きてストレッチとか階段昇りをやって、下半身から温めて。昼からは引退関連の仕事が入るから、家を出るまでに身体が仕上がってるくらいの準備というか。そのお陰で試合を観た方には「全然、引退するとは思えないですね、昔と変わらないじゃないですか」って言ってもらえて。じゃあ、その前から朝練をやれよって話なんですけど、なかなかね（苦笑）。あと、引退までの試合で、あらためて永田や天山さん、小島さんの凄さを感じましたよ。

——一緒にがんばってきた仲間たちを見て、思うことがあったわけですね。

中西　天山さんのリング上のポジショニングはやっぱり見事やし、小島さんも小島さんで動きにしろ掛け声にしろ、ちゃんと理にかなってて。永田に関しては何も言うことないですよ、ずっと組んできてアイツの凄さは誰よりも知ってるんで。みんな、日々の自己管理をしっかりして、いまの新日本のハイレベルな攻防とはまたべつの、懐の深さみたいなものをアラフィフの第三世代は見せてると思いました。

——最後の後楽園4連戦では、第三世代の面々と組んで各ユニットと対峙しました。現在、第一線で活躍する選手たちとの絡みも久々で、三日目のvsロス・インゴベルナブレス・デ・ハポンでは、現IWGPヘビー級&IWGPインターコンチネンタル王者の内藤哲也選手とも対峙しましたね。

中西　内藤はいい雰囲気を持ってますね。その雰囲気っちゅうのは作ろう思って作れるもんじゃなくて、本人もいろんなことを試して、ああなったんやろうし。俺も自分がIWGPヘビーを獲った会場で、いまのチャンピオンと戦えたのはよかったですよ。

——L・I・Jとの試合では現IWGPジュニアヘビー級王者の高橋ヒロム選手とも肌を合わせました。ヒロム選手は「若手時代に内藤さんが指導してくれたからいまがある」と発言されているのですが、内藤選手いわく「ヒロムがいろんな先輩から指導を受けて混乱してる姿を見て、コッチから声を掛けた。最終的な決め手は、中西さんが『ガーッとやって、パーッとやるんや！』とか長嶋茂雄みたいに感覚的な教え方をしていたこと」と発言されていて（苦笑）。

中西　ハッハッハ！　〝名選手名監督にあらず〟じゃないけど、俺の場合は〝迷選手〟やな、迷いっぱなしでウチにもたどりつかへん（笑）。ヒロムは若手時代に『中西ランド』に出てもらったとき、俺の新技に「上からドン！」って絶妙なネーミングしてくれたんですよ。そんな名付け親を惑わせてしまって申しわけなかったけど、それがあったから内藤が教えることになり、いまのヒロムがある、と（笑）。

死ぬまでプロレスラー

――そして、後楽園4連戦の最終日となる引退試合の相手は、オカダ・カズチカ＆棚橋弘至＆飯伏幸太＆後藤洋央紀組でした。中西さんが後楽園二日目のＢＵＬＬＥＴ ＣＬＵＢとの対戦時に１５０kg級のファァレ選手をアルゼンチンバックブリーカーで担ぎ上げたのは驚きましたが、最終日も棚橋選手をアルゼンチンで追い詰めましたね。

中西　味方の永田まで担ぎ上げて、相手に放り投げましたからね（笑）。アルゼンチンも若手の頃から引退まで長い付き合いでしたよ。最初に出したのはデビューして半年くらいのときに平成維震軍とやったタッグマッチで、俺はボコボコの血まみれにされたんですけど、青柳（政司）館長がキックで飛びかかってきたのを受け止めて、何も考えずに持ち上げたらたまたまアルゼンチンのかたちになって、そのままギブアップを奪って。世話になった技なんで、生きてるうちにアルゼンチンに行って、あの技の元祖であるアントニオ・ロッカさんの墓参りせなバチが当たるかなって（笑）。

――アルゼンチンは中西さんの代名詞でしたね。引退試合の最後は中西さんが後藤選手のGTR、飯伏選手のカミゴェ、オカダ選手のレインメーカー、そして棚橋選手のハイフライフローと必殺技の4連発を全身で受け止め、壮絶な散り様となりました。

中西　いや、これ以上のものがないっちゅうくらいの引退試合でしたよ。いまトップを張ってる連中が介錯してくれて。とくに最後にフォールを獲ったのが、俺が同じ後楽園でIWGPヘビーを巻いたときの相手だった棚橋なのは、感慨深いものがありました。彼が若い頃に欠場して、その復帰戦の相手を俺がやったんですよね（03年2月16日・両国）。棚橋の傷の癒えない身体をおもいっきりボディスラムで叩きつけて、それでも歯を食いしばって立ち上がる、彼の必死な顔も覚えてます。そんな男やから、ここまで新日本を引っ張り上げる立役

引退試合では第三世代の仲間のサポートの元、現役トップ陣を相手に大暴れ。最後の奮闘に、場内は大きな拍手と歓声に包まれた。

者になったんやろうし。第三世代の面々もしっかりお膳立てしてくれて、最後にあの3人が側にいてくれて本当によかったです。必殺技を立て続けに食らってしんどかったんやけど、「そうや、引退セレモニーがあるんや」と思って、永田たちに手伝ってもらって必死に立ちましたよ（苦笑）。ゲストのみなさんも来てくれましたし。

——中西さんと縁のある坂口さん、馳さん、長州さん、藤波さんが順に労いのメッセージを送りました。中西さんがルーキーとして入団したときに迎え入れた当時の新日本の首脳陣が、今度は引退の門出に揃ったというか。

中西　いやあ、ありがたいことやし、お一人お一人がけっこうマイクでしゃべってくれはって、しかもネタがおもしろいっちゅうか、しっかり会場の笑いも取って（笑）。そのあと、最後にしゃべる側としては、凄くプレッシャーになりましたよ。

——馳さんの「たくさん選手がいる中で、オマエ、一番デカいな？　中西だけなんですよね、サポーターをしてないのは」という言葉に場内は拍手が起こりました。

中西　いや、サポーターは付けるのが面倒くさいだけです（笑）。もちろん、黒パンと黒シューズが新日本らしさっちゅうか、ストロングスタイルの象徴っていう見方もあるんやけど、これが楽なんで。なんか「中西がいなくなったら、若手以外に黒パン姿の選手が新日本からいなくなる」とか言う人がいて、「ああ、たしかにそうか」とも思ったんですけど、いまはケガの防止のためにつけたほうがええんちゃうかな？（笑）。

――湿っぽいムードだけではなく、中西さんに合った和やかな雰囲気のセレモニーだったと思います。最後の中西さんのメッセージも胸を打つものでした。

中西 いや、あえて何も考えてへんかったから、しどろもどろなところもありましたけどね。しゃべりながら「アレッ？ コッチが言ってること、ちゃんと伝わってんのかな？」って心配になったんですよ。「歩けへんぐらい足を引きずってても、みなさんの声援で動けるようになる」っちゅうたんですけど、まるで「必殺技を4連続で食らっても、俺はピンピンしとるで！」みたいに聞こえてへんかなって。

――いえ、「レスラーはお客さんの声援がパワーになる」という意味だと、ちゃんと伝わりましたよ（笑）。

中西 それやったらよかった（笑）。いや、本当にお客さんの応援が一番の治療薬なんですよ。それがあるから、俺も首のケガから復帰できたのは間違いないし。不甲斐ない姿を見せて、お客さんからボロカス言われたこともありましたけど、それも鍛えてもらったっちゅうか。プロレスはお客さん一人一人がスポンサーやし、それはこれからの新日本を支える優秀な後輩たちもわかってくれてると思います。

――最後の挨拶の締めにあった「現役は終わりなんですけど、一度プロレスラーをしたから

引退セレモニーでは縁のある新日OBが集結。そして、最後は野人の雄叫びをファン&選手と大合唱し、27年に及ぶプロレスラー人生に終止符を打った。

には、死ぬまでプロレスラーやと思ってます」という言葉も印象的でした。あれは中西さんが敬愛するマサ斎藤さんの教えなんですね。

中西　俺が若い頃、マサさんが言うてはったんですよ。「いいか、レスラーはデビューしたら死ぬまでレスラーなんだぞ。だから、リングを下りる日が来てもトレーニングは続けなきゃダメだ」って。そのときはマサさんの言うことの意味がよくわからなかったんですけど、ようやく理解できますね。身体も心も鍛え続けて、人生っちゅうリングで戦っていくことなんやと思います。

――引退セレモニーのあとのバックステージコメントでは、第二の人生についてゆくゆくは家業である宇治茶の栽培を、お兄さんと継いでいきたいと話されてましたね。

中西　そうですね。そもそも小さい頃から手伝ってきたし、「このままだと継がされるな」と思ったからレスリングを始めて、プロレスラーを目指したところもあって。いまだに畑仕事は難しいですよ。気候変動に左右されるもんやし、父親には「これは辛抱であり、訓練や。どれだけ畑に出て、お茶と向き合うかや」って言われてます。そういえば畑に出たとき、どんくさいから農作業の道具にモロに頭ぶつけて「グォッ！」ってひっくり返っちゃったことがあって。「オヤジ～！」って呼んでたら、通りがかったオバサンと「大丈夫ですか？」「すんません、オヤジを呼んでもらえますか？」「中西さ～ん！　息子さんが流血してますよ

〜！」って（笑）。そうしたらオヤジは「大丈夫、大丈夫！　血なんか試合でさんざん流してるんだから」って言ってましたけど（笑）。

――畑というリングでそんな洗礼を（苦笑）。

中西　まあ、今後は家業に携わりつつ、自分ができることなら何でもやっていかんと。もちろん、試合以外でプロレスにまつわることもやっていきたいし、子どもたちにレスリングを教えるとか、自分が世話になった世界に微力ながら恩返しができればなと思ってます。ありがたいことに、永田もそういう仕事の話を持ってきてくれて。『The Third Generation Club』でトレーナーとして人に教えるおもしろさも実感はできたんで、今後に活かしていきたいですね。

――最近はプロレスラーがYouTuberになるケースも増えていますが、いかがですか？　まさに『中西ランド』がある種、ちょっと早すぎたYouTuberというか（笑）。

中西　ああ、言われてみれば（笑）。わりとYouTube自体は早い段階で、『中西ランド』をやってた頃からおもしろいなと思って見てたりはしたんですよ。俺は不器用なんで、『中西ランド』みたいに優秀なスタッフさんがお手伝いしてくれるなら、可能性はあるかも知れないですね。

――第三世代が00年代の新日本の苦しい時代を支え、いまは棚橋選手やその下の若い世代の活躍もあり、団体がこれだけ盛り上がっていますが、それについて思うことは？

中西　すばらしいことですよ。ただ、たしかに苦しい時代ではありましたけど、だからこそやり甲斐を感じた部分もあって。そのときは悔しい思いをしても、それを糧にして新しいものも生まれたっちゅうか。紆余曲折ありましたけど、我ながらおもしろいキャリアだったたって感じてますよ。

――プロレスはご自分にとって天職だったと思いますか？

中西　天職っちゅうか、俺にほかの仕事は務まらないから（苦笑）。新日本がいい時期にリングを下りれるのも幸せなことやし、いまの新日本には何も心配はいらないですよね。いま一番心配なのがこの本で、俺のインタビュー自体がオチみたいになってへんかなって（笑）。ちゃんとしゃべれてたのか不安やし、なんか小島さんをディスってた気もするし……、もう一回やり直さへん？（笑）。

	12月5日◆愛知県体育館で天山&小島組を下してIWGPタッグ防衛。
	12月◆プロレス大賞で敢闘賞を授賞。
2000(平成12年)	1月4日◆東京ドームで鈴木健三(KENSO)のデビュー戦の相手を務め勝利。
	3月28日◆永田、吉江豊、福田雅一と格闘集団G-EGGSを結成。
	5月5日◆福岡ドームで小川直也&村上和成を下してIWGPタッグ防衛。
	6月2日◆日本武道館で健介のIWGPヘビーに挑むも敗北。
	7月20日◆北海道立総合体育センターで天山&小島組に敗れIWGPタッグ陥落。
	8月13日◆両国で健介に敗れ『G1』連覇ならず。
	10月9日◆東京ドームで永田と共に天山&小島組のIWGPタッグに挑むも敗北。
2001(平成13年)	2月4日◆北海道立で西村と共に天山&小島組のIWGPタッグに挑むも敗北。
	5月5日◆福岡ドームで長州と組み小川&村上組に勝利。
	6月29日◆後楽園で吉江と共に天山&小島組のIWGPタッグに挑むも敗北。
2002(平成14年)	1月4日◆東京ドームでジャイアント・シルバにリングアウト勝ち。
	3月17日◆愛知でジャイアント・シンにジャーマンでピンフォール勝ち。
	6月5日◆大阪府立で西村と共に蝶野&天山のIWGPタッグに挑むも敗北。
	10月14日◆東京ドームの新日本 vs 外敵軍のシングル7番勝負のトリで、ボブ・サップと対峙するも敗北。
2003(平成15年)	2月16日◆両国で棚橋弘至の復帰戦の相手を務め勝利。
	3月9日◆名古屋レインボーで永田のIWGPヘビーに挑むも60分時間切れ引き分け。
	5月2日◆東京ドームで藤田に総合格闘技ルールで敗北。
	6月29日◆K-1のさいたまスーパーアリーナでK-1ルールに初挑戦するも、TOAに敗北。
2004(平成16年)	2月1日◆北海道立で永田と組み天龍&健介組に敗北。試合後、永田と仲間割れとなり本隊を離脱。
	2月15日◆両国で天龍&健介と結託する。

HISTORY OF MANABU NAKANISHI

1992（平成4年）	8月12日◆バルセロナ五輪にフリー100kg級で出場後、両国国技館での『G1 CLIMAX』最終戦で新日本入団を発表。
	10月13日◆東大阪市立中央体育館で藤波辰爾と組み『SGタッグリーグ』公式戦のvsスーパー・ストロング・マシン&スコット・ノートン組を相手にデビュー。
1995（平成7年）	1月4日◆東京ドームで天山広吉の凱旋帰国試合の相手を務めるも敗北。
	3月27日◆東京体育館の『ヤングライオン杯』で永田裕志を下して優勝。
	6月◆アメリカ武者修行に出発。WCWにクロサワのリングネームで参戦。
1996（平成8年）	9月12日◆海外修行より凱旋帰国。宮城県スポーツセンターから"クロサワ九番勝負"が行なわれ、同世代の天山や小島や、長州力、リック・フレアーに勝利。
	10月12日◆郡山セントラルホールで開幕した『SGタッグ』に小島と共に出場。
1997（平成9年）	5月3日◆大阪ドームで小島と共に長州&佐々木健介組を下しIWGPタッグ初戴冠。
	8月1日◆両国で開幕した『G1 CLIMAX』（トーナメント）に初出場。1回戦でグレート・ムタに敗北。
	8月10日◆名古屋ドームで健介&山崎一夫組に敗れIWGPタッグ陥落。
	11月18日◆秦野市総合体育館で開幕した『SGタッグ』に橋本真也と共に出場。
1998（平成10年）	2月7日◆札幌中島体育センターで小島と共に蝶野&武藤組のIWGPタッグに挑むも敗北。
	8月8日◆大阪ドームの「永田裕志凱旋帰国試合」で、小島と組み永田&藤田和之組に勝利。
	11月16日◆横浜文化体育館で開幕した『SGタッグ』に永田と共に出場。
	12月4日◆大阪府立体育会館でIWGPヘビーに初挑戦するも、王者スコット・ノートンに敗北。
1999（平成11年）	2月5日◆札幌中島で永田と共に天山&小島組のIWGPタッグに挑むも敗北。
	8月15日◆両国で武藤を下して『G1』優勝。
	8月28日◆明治神宮野球場で永田と共に後藤達俊&小原道由を下してIWGPタッグ奪取。
	9月23日◆日本武道館での『G1タッグ』優勝決定戦に永田と共に臨むも、武藤&ノートン組に敗北。
	10月11日◆東京ドームで武藤のIWGPヘビーに挑むも敗北。

	10月12日◆両国での「蝶野正洋25周年特別興行」で、秋山&小島と組み蝶野&小橋建太&武藤組に敗北。
2010（平成22年）	2月14日◆両国で中邑のIWGPヘビーに挑むも敗北。
	12月◆プロレス大賞でストロングマンと共に最優秀タッグチーム賞を授賞。
2011（平成23年）	1月4日◆東京ドームでストロングマンと共にジェームズ・ストーム&ロバート・ルード組を含めた3WAYマッチで、バーナード&カール・アンダーソン組のIWGPタッグに挑むも敗北。
	2月20日◆仙台サンプラザホールでストロングマンと共にバーナード&アンダーソン組のIWGPタッグに挑むも敗北。
	6月4日◆KBSホールで後藤洋央紀&本間朋晃と組み棚橋&天山&井上亘組と対戦。試合中に首を負傷。中心性脊髄損傷と診断され、長期欠場に入る。
2012（平成24年）	10月8日◆両国で492日ぶりに復帰戦。永田&ストロングマンと組み矢野&飯塚&石井智宏組に敗北するも、場内に大きな感動を与えた。
2013（平成25年）	2月20日◆テレ朝動画で『人類プロレスラー計画 中西ランド』放送スタート。
	5月3日◆福岡国際でストロングマンと共に天山&小島組のIWGPタッグに挑むも敗北。
2014（平成26年）	1月19日◆後楽園の『CMLL FANTASTICA MANIA』で、『中西ランド』から誕生したマスクマン、マスカラ・ドン登場。
	9月23日◆コンベックス岡山で永田と共に天山&小島のNWA世界タッグに挑むも敗北。
2017（平成29年）	1月5日◆後楽園で棚橋&田口隆祐と共にSANADA & EVIL & BUSHI組を下し、NEVER無差別級6人タッグを奪取。
	2月11日◆大阪府立でSANADA & EVIL & BUSHI組に敗れ、NEVER6人タッグ陥落。
	10月21日◆東金アリーナで「永田裕志・中西学デビュー25周年記念試合」として永田との一騎打ちに敗北。
2018（平成30年）	3月25日◆全日本プロレスのさいたまスーパーアリーナで、大森と共に秋山準&永田組のアジアタッグに挑むも敗北。
2020（令和2年）	1月4日◆東京ドームで永田と共に天山&小島組に敗北。第三世代による最後のタッグ対決に。
	2月22日◆後楽園で永田&天山&小島と組みオカダ&棚橋&後藤&飯伏幸太と引退試合。約27年3カ月の現役生活にピリオドを打った

	3月28日◆北海道立で天龍と共に髙山&鈴木のIWGPタッグに挑むも敗北。
	10月9日◆両国でノートンと共に蝶野率いる反新日軍(のちのブラック・ニュージャパン)に合流。
	11月13日◆大阪ドームで中邑と組み藤田&ケンドー・カシン組に敗北。
2005(平成17年)	1月4日◆東京ドームで8選手参加のアルティメットロワイヤルに出場。
	3月13日◆愛知でノートンと共に棚橋&中邑のIWGPタッグに挑むも敗北。
	4月◆カシンの呼びかけで、永田と藤田も含めたチームJAPANを結成。
	4月24日◆大阪府立で『NEW JAPAN CUP』優勝決定戦に臨むも、棚橋に敗北。
	5月14日◆東京ドームでカシンと共に棚橋&中邑のIWGPタッグに挑むも敗北。
2006(平成18年)	1月4日◆東京ドームでジャイアント・バーナードに敗北。
	2月19日◆両国でバーナードと共に蝶野&天山組のIWGPタッグに挑むも敗北。
	6月24日◆ZERO-ONEのディファ有明で大森隆男と共に佐藤耕平 & 崔領二組を下し、NWAインターコンチネンタルタッグを奪取。
	7月17日◆月寒グリーンドームで大森と共に真壁刀義&越中詩郎組を下しIWGPタッグを奪取。NWAと合わせてタッグ二冠王に。
	12月10日◆愛知で真壁&越中組を下してIWGPタッグ初防衛。
2007(平成19年)	3月8日◆ZERO-ONEの後楽園で髙山&佐藤組に敗れNWAインターコンチタッグ陥落。
	3月11日◆愛知でバーナード&トラヴィス・トムコに敗れIWGPタッグ陥落。
	9月24日◆広島サンプラザホールで永田と共にバーナード&トムコ組のIWGPタッグに挑むも敗北。
2008(平成20年)	4月6日◆ZERO-ONEのJCBホールで田中将斗の世界ヘビーに挑むも敗北。
	7月21日◆月寒アルファコートドームで武藤のIWGPヘビーに挑むも敗北。
	12月6日◆愛知で吉江と共に真壁&矢野通組のIWGPタッグに挑むも敗北。
2009(平成21年)	5月6日◆後楽園で棚橋のIWGPヘビーに挑戦。当初はノンタイトルだったが、棚橋の意向で急遽ベルトが賭けられた一戦に勝利。キャリア17年で悲願のIWGPヘビー初戴冠。
	6月20日◆大阪府立で棚橋に敗れ、IWGPヘビー陥落。

THE THIRD GENERATION

あとがきにかえて

お〜い、オヤジ！　メシできたでえ！　あ、俺の特製の野菜スープに、なんで味噌をブチ込むねん！　えっ、味が薄い？　いやいや、アンタの健康のためを思うて、創意工夫して繊細な味にしてるんやから、そないなこと言われたら身も蓋もないやんか。

そもそも、俺が引退して京都に戻ってきたときも、オヤジの第一声は「台所でアサリの砂抜きしてるから、味噌汁作ってくれ！」やったな。そこはまず、現役生活を終えた息子を労うとこやろ（苦笑）。

あっ！　コッチに帰ってからオフクロの墓参りに行ってへんかった！　引退試合のバックステージで野上（テレビ朝日のアナウンサー）が「天国のお母さんにも……」って話振ってきたから、涙こらえて「帰ったらオフクロが好きやったもんでも供えます」っちゅうたのに、すっかり忘れてた（汗）。早速、明日にでも行かんと。

しかしまあ、あれから世の中がこんなに変わるとは思ってへんかったな。引退興行（2月22日）の時点で濃厚接触はNGやから、試合前の撮影会が中止になったけど、いまとなっては大会自体を無事できたことが奇跡やったっちゅうか。

あのあと、新日本は沖縄（2月26日）でやって、それ以降の大会は現状、6月頭まで中止やもんなあ。きっと、いまだにファンが俺にツイッターで引退試合の感想を送ってくれるのも、リング上の流れが止まったままやからっちゅうのもあるんやろうな。

しかし、ファンに「あれだけ動けるなら、もっとレスラーを続けてほしい」って言われるのはうれしいもんやな。でも、悔いなくリングを下りるため、引退だからこそがんばれたわけやし。そういえば、武藤さんから「ほとぼり冷めたら、『プロレスリング・マスターズ』（新日本出身のレジェンドを中心とした大会）があるからよ」って誘われたな……。

いや、せっかく盛大に送り出してもらったのに、復帰なんか考えたらあかん！　こうやって邪念が沸くのも、いろんな仕事の予定が吹っ飛んだからやな。

ちゅうか、俺のことはどうでもええねん。問題はプロレス界や。でも、ピンチはチャンスで、ここがプロレスラーの腕の見せどころやろ。プロレスは他のスポーツと比べると特殊なジャンルで、とにかくいろんなことに挑戦するのがプロレスラーやと思うし。そういう意味で〝キング・オブ・スポーツ〟っちゅうか。いまは動画配信やSNSとかいろんな表現方法もあるし、プロレスラーは試合だけじゃないっちゅうことを見せてほしいな。なんなら、『中西ランド』を参考に……、ならへんか（苦笑）。

プロレスファンもそういうレスラーの動画や、『新日本プロレスワールド』（インターネット動画配信サービス）で過去のおもしろい試合を観てもらって、大会の再開を心待ちにしてほしいな。そういう思いが募るほど、実ったときには爆発するやろうし。そうか、プロレスと恋は似てるんやな。

そうや、第三世代のみんなは元気にやってるかな？　永田、天山さん、小島さんにはできるだけ長くリングに上がってほしいなあ。志半ばで力尽きた俺のためにも（笑）。身体の筋肉の中では足が一番デカいんやから、しっかり下半身を鍛えてもらって、コンディション整えて。みんな、まだお子さんが育ち盛りやし、ここでもう一丁がんばってもらわんと。まあ、伊達に修羅場をくぐってきてないし、あの３人なら何も心配いらんやろ。

さあて、畑仕事にでも行くか……。ん？　なんや、オヤジ？　夜はアサリの味噌汁にしてくれ？　だから、塩分は控えめにせなアカンっちゅうねん！

中西学

リングの記憶 第三世代
天山広吉×小島聡×永田裕志×中西学

2020年6月5日初版第1刷発行

著　　者	天山広吉／小島聡／永田裕志／中西学
写真提供	著者私物、新日本プロレスリング
企画・撮影	丸山剛史
協　　力	新日本プロレスリング株式会社 株式会社アミューズ
発 行 人	後藤明信
発 行 所	株式会社 竹書房 〒102-0072 東京都千代田区飯田橋2-7-3 TEL03-3264-1576（代表） TEL03-3234-6301（編集） http://www.takeshobo.co.jp
印 刷 所	共同印刷株式会社

ISBN978-4-8019-2122-1